[개정4판]

현대인에게 필요한

법과 생활

신 종 석 저

三 潮 社

개정4판 머리말

먼저 현대인에게 필요한 법과 생활의 개정4판을 발간할 수 있도록 관심과 격려를 보내 주신 독자 여러분께 깊은 감사의 말씀을 드립니다.

사회가 발전을 거듭할수록 일상생활, 직장생활, 분쟁해결 등의 관련 법규범에 많은 변화가 있게 됩니다. 우리는 바야흐로 새로운 환경이 펼쳐질 뉴 노멀(new normal)의 글로벌 시대를 살고 있습니다.

불확실성과 사회 변화가 날로 심화되고 있는 앞으로의 시대에서는 창의적이고 융·복합적인 사고를 필요로 하며, 도전을 통해 문제를 해결해 나가는 용기 있는 태도를 요구합니다. 콘텐츠 크리에이터들과 젊은 벤처창업가들의 활약과 성공 신화가 주목받고 있는 시대를 살아가면서 문제해결을 위한 사례들은 점점 다양해지고 있습니다.

일반인이나 학생들에게 법에 대한 체계적인 이해와 법적 사고의 함양을 위해 도움이 되고, 나아가 일상생활과 회사생활 등에서 발생하는 법적 분쟁의 해결 능력을 발휘하는 데 본서가 기여하기를 바랍니다.

개정 4판에서는 시대적으로 주거생활에 큰 관심이 되고 있는 주택임대차보호법의 묵시적 갱신, 임차인의 계약갱신요구권, 전월세 상한제 등의 개정사항들을 반영하고 그 해설을 추가하였습니다.

향후 좀더 다양한 영역으로 범위를 넓혀 보도록 하겠습니다.

끝으로 시대적 환경의 어려움에도 불구하고 제4판의 출간을 적극적으로 협조해 주신 삼조사의 하인웅 사장님과 편집부 여러분의 노고에 감사드립니다.

2022년 2월

저자 드림

개정3판 머리말

현대인에게 필요한 법과 생활의 개정3판을 발간할 수 있도록 관심과 애정을 보여 주신 독자 여러분께 감사의 말씀을 드립니다.

사회가 발전하면 할수록 사회질서를 유지하고 인권보장을 위한 생활 관련 법규범은 스스로의 권리구제와 보호를 위해 그 필요성과 중요성이 날로 강조되고 있습니다. 사회와 법은 서로의 상호작용을 통해 끊임없이 변화, 발전하고 있으므로 제4차 산업혁명시대에도 국민의 권익보호와 권리구제의 중요성은 더욱 강조되어야 할 부분이라고 생각합니다.

생활 관련 법규범은 현대사회에서 매우 중요하고 필요한 영역임에도 불구하고 법은 그 내용이 복잡하고 어렵다는 이유로 가까이 다가가기가 쉽지 않습니다. 그러나 법을 알면 아는 만큼 우리의 삶은 더욱 풍요로워질 수 있습니다. 일반인이나 학생들에게 법에 대한 체계적인 이해와 법적 사고 함양에 도움이 되고, 나아가 일상생활에서 발생하는 법적 분쟁문제를 실무적으로 해결할 수 있는 능력을 함양하게 하는 데 본서가 더욱 기여하기를 바랍니다.

개정2판을 출간한 지 2년 만에 내용의 일부 수정 및 법령 개정에 따른 변화를 반영하여 다시 개정3판을 출간하게 되었습니다.

개정한 주요부분은

1. 서울지역, 세종특별자치시, 기타지역 등의 주택임대차 및 상가건물임대차의 보증금 중 일정액의 보호범위 등 주택임대차보호법시행령, 상가건물임대차보호법시행령의 개정내용을 반영하였습니다.

2. 이자제한법, 대부업 등의 등록 및 금융이용자보호에 관한 법률(약칭 대부업법)의 제한이자율이 인하되는 개정 내용을 반영하였습니다.

3. 여신전문금융업법 및 동 시행령을 반영하여 신용카드에 관한 부분을 수정하였습니다.

4. 형사절차, 직장 내 성희롱 및 성폭력 등에 관한 내용을 보완하였습니다.

끝으로 무더위에도 불구하고 개정3판의 출간을 적극적으로 협조해 주신 삼조사의 하인웅 사장님과 편집부 여러분의 노고에 감사드립니다.

2019년 8월

저 자 드림

개정2판 머리말

지금 세계는 4차 산업혁명의 시대를 맞이하여 사회전반의 큰 변화를 예고하고 있습니다. 사회와 법은 서로의 상호작용을 통해 끊임없이 변화, 발전하고 있으므로 이러한 시대에도 국민의 권익보호와 권리구제의 중요성은 더욱 강조되어야 할 부분이라고 생각합니다.

법을 전공하지 않은 일반인이나 학생들에게 일상생활에서 발생하는 법적 분쟁문제를 실무적으로 해결할 수 있는 능력을 함양하게 하는 데 본서가 더욱 기여하기를 바랍니다. 강의현장에서 '생활 속에서 함께 하는 법'에 관심과 유익함을 느끼는 학생들의 모습을 보면서 더욱 책임감을 갖게 됩니다.

개정판을 출간한 지 1년 만에 내용의 일부 수정 및 법령 개정에 따른 변화를 반영하여 다시 개정2판을 출간하게 되었습니다.

개정한 주요부분은

1. 무능력자제도가 제한능력자제도로 변경되면서 한정치산자와 금치산자에 대한 용어 및 내용을 반영하여 피한정후견인과 피성년후견인으로 변경하였습니다.

2. 서울지역과 기타지역의 주택임대차의 보증금 중 일정액의 보호범위가 인상이 되었고, 세종특별자치시가 광역시군에 포함되는 등 주택임대차보호법시행령의 개정내용을 반영하였습니다.

3. 대부업 등의 등록 및 금융이용자보호에 관한 법률(약칭 대부업법)의 제한이자율이 한시적으로 인하되는 개정 내용을 반영하였습니다.

4. 이 외에도 내용의 부분 수정 및 법률구조제도의 기구 확장에 따른 변화 등을 반영하여 수정을 하였습니다.

끝으로 개정2판의 출간을 협조해 주신 삼조사의 하인웅 사장님과 편집부 여러분의 수고에 감사드립니다

2017년 8월

저 자 드림

개정판 머리말

현대인에게 필요한 「법과 생활」 저서 초판을 낸 후 4년 만에 개정판을 내게 되어 남달리 감회가 깊습니다. 개정판을 출간할 수 있도록 의의 길로 인도하시고 지경을 넓혀주신 하나님께 감사드립니다.

이 책의 집필 배경은 저자가 대학 강단에서 강의하면서 학생들이 법에 관해 느끼는 선입견과 강의에서 기대하는 부분들이 무엇일까를 배려하면서 법학도 흥미있고 유익한 부분이 많다는 것을 느끼게 해 주고 싶어 출간을 하게 되었습니다. 이 책으로 강의하면서 법에 대해 관심을 갖는 학생들의 모습을 보면서 감사하고 더욱 책임감을 갖게 됩니다.

이 책은 실제 사회생활을 하면서 겪게 되는 법적 분쟁에 대해 도전하고 문제의 해결능력을 배양하는 데 중점을 두었습니다. 생활법률을 설명식 나열보다는 법이론의 핵심을 설명하고, 관련 판례 소개를 통해 이해의 폭을 넓혔으며, 관련 법조문을 수록하여 전문지식에 자신감을 갖게 하고 나아가 현실감 있고 흥미 있는 사례소개를 제공하여 읽고 싶은 전공 서적이 되게 하였습니다.

그 동안 일상생활에서 자주 접하는 생활 관련 법률 및 시행령의 개정이 있었으므로 해당부분을 수정하여 개정판을 출간하게 되었습니다. 이번에 개정한 주요부분은 민법의 후견제도, 성년자가 되는 연령, 주택임대차의 보증금 중 일정액의 보호 범위, 이자제한법 및 대부업법의 제한이자율 등이며, 이러한 내용을 개정판에 반영하였습니다.

끝으로 개정판의 출간을 협조해 주신 삼조사의 하인웅 사장님과 편집부 여러분의 수고에 감사드립니다.

2016년 2월

저 자 드림

머 리 말

"사회가 있는 곳에 법이 있다"라는 말이 있듯이 법은 사회질서를 유지하고 인권보장과 정의구현을 위해 반드시 필요합니다. 인간의 출생으로부터 사망에 이르기까지 법은 사회생활과 필수불가결의 관계에 있습니다.

그러나 대부분의 일반인들은 법을 **'생활 속에서 함께 하는 법'**이 아닌 '규범'으로서의 법이나 '학문'으로서의 법으로만 대하다 보니 어렵고 힘든 대상이라는 선입견을 가지고 있습니다.

일상생활에서 발생하는 다양한 법적인 문제에 대하여 약간의 법률 지식만 있어도 잘 대처할 수 있는데, 법에 대한 지식이 부족해서 피해보는 일들이 종종 있음을 보며 안타까운 마음이 들었습니다. 그래서 누구에게나 스스로의 권리구제와 보호를 받을 수 있는 실용적인 법 지식의 필요를 절감하였습니다.

사회가 발전하면 할수록 이에 비례하여 더 많은 법령과 제도를 필요로 하고 있는 실정입니다. 다양한 분야의 법의 제정, 개정 및 폐지 등을 모두 이해할 수는 없지만 적어도 일상생활에서 자주 접하는 분야에 대하여는 올바른 이해와 교육이 필요합니다.

저자는 대학에서 법 과목을 강의하면서 비전공자들이 교양이나 선택과목으로 「법과 생활」 혹은 「생활법률」 과목을 선택한 경우 그 방대한 규모와 내용에 힘들어 하면서 법 과목을 멀리하는 모습을 보며, 일상생활에 필요하면서도 쉽게 서술된 교재를 집필해야겠다는 소명감을 가지게 되었습니다.

이 책은 평소 법을 어렵게 느끼거나 법을 처음 접하는 사람들에게 일상생활에서 흔히 겪을 수 있는 문제들을 쉽고 친근하게 다가갈 수 있도록 서술하였습니다.

본서의 특징은 다음과 같습니다.

첫째, 이 책은 전문이론서가 아니라 대학강의를 위한 교재이며, 생활 속의 활용도에 따라 사법관계에 관한 주제들을 중심으로 다루었습니다.

둘째, 복잡한 내용들의 핵심적인 사항을 간략하게 설명하여 법을 전공하지 아니한 사람들도 쉽게 이해할 수 있도록 하였습니다.

셋째, 이해를 돕고자 도표, 서식, 사례문답, 관련조문, 관련판례 등을 통해 쉽게 다가갈 수 있게 하였습니다.

강의경험을 통해 재구성하고 사회생활에서 활용할 수 있는 내용들로 편집하였으나 보다 유용하며 알찬 교재가 되도록 앞으로 더욱 수정·보완해 나갈 것을 약속드립니다.

본서의 출판을 협조해 주신 삼조사의 하인웅사장님과 편집을 담당해 주신 강은경님, 유태희님께 감사드립니다.

무엇보다도 집필하는 동안 건강을 지켜 주시고 의의 길로 인도해 주신 주님께 모든 영광을 드립니다.

2012년 1월

著 者 識

차례 Contents

| 차 례 |

제3장 상　속

제 4 장 유 언

제 5 장 유 류 분

제 6 장 주택임대차

제 7 장 부동산 거래

제 8 장 금전거래

제 10 장 신용카드

제11장 형사절차

제12장 직장생활과 성희롱

第13장 성 폭 력

Chapter

1 친족, 가족, 성(姓)과 본(本)

Ⅰ. 친　족

Ⅱ. 가족의 범위

Ⅲ. 자의 성(姓)과 본(本)

Ⅳ. 가족관계등록제도

사례문답: 친족의 범위와 친족관계의 효력

사례문답: 재혼한 남편의 성과 본으로 전남편 자녀들의 성과 본의 변경

인생을 왜 사는지에 대해 아는 사람은 어떻게 살지 아는 사람이다.
– 프리드리히 니체

제1장

친족, 가족, 성(姓)과 본(本)

Ⅰ. 친　　족

1. 친족의 의의 및 종류

친족이란 혼인과 혈연으로 맺어진 사람들 사이의 관계를 의미한다. 민법상 친족으로는 배우자, 혈족 및 인척이 있다(민법 제767조).

(1) 배우자(配偶者)

혼인으로 결합된 부부를 말하며, 배우자 사이에는 촌수가 없다. 혼인신고를 마친 법률혼을 의미하며, 사실혼의 처나 첩은 배우자가 아니다.

(2) 혈　족(血族)

(가) 자연혈족

자연혈족에는 직계혈족과 방계혈족이 있다.

자기의 직계존속과 직계비속을 직계혈족이라 하고 자기의 형제자매와 형제자매의 직계비속, 직계존속의 형제자매 및 그 형제자매의 직계비속을 방계혈족이라 한다(민법 제768조).

(나) 법정혈족

법정혈족이란 법률에 의해 혈연관계가 없더라도 자연혈족과 동일한 관계가 있는 것으로 인정하는 신분관계를 의미한다.

현행법상 양친자관계(민법 제772조)가 있다.

1990년의 민법개정에 의하여 계모자(繼母子)관계와 적모서자(嫡母庶子)관계는 법정혈족관계에서 제외되어 인척관계로 되었다. 적모서자관계는 인척으로 보는 것이 타당하나 계모자관계에 대해서는 재검토가 요망된다.

(3) 인 척(姻戚)

인척이란 혼인에 의해 발생된 관계로서 혈족의 배우자, 배우자의 혈족, 배우자의 혈족의 배우자를 말한다(민법 제769조). 인척관계는 혼인의 무효 · 취소 또는 이혼, 부부 일방이 사망한 후의 재혼으로 종료하게 된다.

1990년의 민법개정에 의하여 혈족의 배우자의 혈족(사돈)은 인척의 범위에서 제외되었다.

인척의 유형을 살펴보면 다음과 같다.

〈인척의 유형〉

혈족의 배우자	계모, 적모, 형수, 형부, 숙모, 외숙모, 고모부, 이모부 등
배우자의 혈족	배우자의 부모 · 형제자매 · 백부 · 숙부 · 고모 · 이모 등
배우자의 혈족의 배우자	배우자의 형제의 처, 배우자의 자매의 남편, 배우자의 숙모, 배우자의 고모부, 배우자의 이모부 등

2. 친족의 범위

친족의 범위는 다음과 같다.

(1) 8촌 이내의 혈족
(2) 4촌 이내의 인척
(3) 배우자

3. 친계와 촌수

(1) 친 계(親系)

친계란 친족의 계통을 의미하며, 크게 직계와 방계, 존속과 비속, 부계와 모계로 나누어 살펴볼 수 있다.

〈친계의 유형〉

직계와 방계	• 직계: 혈통이 상하수직으로 이어지는 신분관계(부모, 자손 등) • 방계: 혈통이 공동조상으로부터 갈라져 연결되는 신분관계 (형제자매, 백부, 숙부, 종형제자매 등)
존속과 비속	• 존속: 부모와 동일항렬 이상인 신분관계(부모, 조부모 등) • 비속: 자(子)와 동일항렬 이하인 신분관계(자, 손, 조카 등)
부계와 모계	• 부계: 부(父)를 중심으로 연결되는 신분관계(친가) • 모계: 모(母)를 중심으로 연결되는 신분관계(외가)

(출처: 이준현, 채권법 · 친족상속법)

(2) 촌 수(寸數)

우리 민법은 혈연의 멀고 가까운 정도를 통해 촌수를 정하며, 방계혈족의 촌수계산은 자기로부터 동원(同源)의 직계존속에 이르는 세수와 그 동원의 직계존속으로부터 그 직계비속에 이르는 세수를 통산하여 촌수를 정하는 로마법주의를 채택하고 있다(민법 제770조).

다음에 열거하는 친족들의 종류, 친계 유형과 촌수를 살펴보면 아래와 같다.

① 고모: 혈족, 방계, 존속, 부계, 3촌

② 외숙부: 혈족, 방계, 존속, 모계, 3촌

③ 당숙: 혈족, 방계, 존속, 부계, 5촌

④ 조부: 혈족, 직계, 존속, 부계, 2촌

4. 친족관계의 발생과 소멸

(1) 친족관계의 발생

친족관계의 발생원인으로는 출생 · 혼인 · 인지 · 입양의 4가지가 있다.

(가) 출 생

혼인 중의 출생자(혼생자)의 경우에는 부계 · 모계혈족관계가 발생하고, 혼인 외의 출생자(혼외자)의 경우에는 모계혈족관계가 발생한다.

(나) 혼 인

당사자 간에는 배우자관계가 생기고, 상대방 혈족 간에는 인척관계가 발생한다. 혼외자가 부의 인지 후 부모의 혼인신고에 의해 혼생자로 전환할 수 있다. 이를 혼인에 의한 준정이라고 한다(민법 제866조).

(다) 인 지

인지란 혼인외의 출생자를 부 또는 모가 자녀로 인정하는 행위이다.

부와 인지한 혼외자 간에 부계혈족관계(그에 따른 인척관계 포함)가 발생한다(민법 제855조).

(라) 입 양

양부모와 양자 간에 양친자관계가 발생한다(민법 제866조).

(2) 친족관계의 소멸

1) 친족관계의 소멸원인으로는 사망, 혼인의 취소, 이혼, 입양의 취소, 파양, 인지의 취소가 있다.

2) 부부 일방이 사망하더라도 인척관계가 소멸하는 것이 아니다. 그러나 생존 배우자가 재혼하면 상대방 혈족과 인척관계가 소멸한다(민법 제775조 제2항).

II. 가족의 범위

가족의 범위는 생계를 같이 하지 않더라도 가족이 되는 경우와 생계를 같이 해야 가족이 되는 관계로 나누어 진다(민법 제779조).

1. 생계를 같이 하지 않더라도 가족인 경우

배우자, 직계혈족 및 형제자매

2. 생계를 같이 해야 가족인 경우

직계혈족의 배우자, 배우자의 직계혈족, 배우자의 형제자매

Ⅲ. 자의 성(姓)과 본(本)

1. 자의 성과 본의 결정

성(姓)이란 출생의 계통을 나타내는 명칭으로 일반적으로는 부계혈통을 표시한다. 본(本)은 시조의 발상지(發祥地) 지명을 표시하는 명칭이다.

예를 들어 김해 김씨(金海金氏)의 경우 김해가 본이고, 성은 김씨 임을 표시하는 것이다.

혼인 중의 출생자의 성과 본에 대해서는 부(父)의 성과 본을 따르는 것을 원칙으로 하며, 혼인신고 시 부모의 협의에 의하여 모(母)의 성과 본을 따를 수도 있다(민법 제781조 제1항).

또한 부가 외국인인 경우나 부를 알 수 없는 경우에는 모의 성과 본을 따를 수 있다(민법 제781조 제2항 및 제3항).

부모를 알 수 없는 자는 법원의 허가를 받아 성과 본을 창설하며, 성과 본을 창설한 후 부 또는 모를 알게 된 때에는 부 또는 모의 성과 본을 따를 수 있다(민법 제781조 제4항).

2. 종전의 성과 본의 계속 사용

혼인 외의 출생자가 인지된 경우 자는 부모의 협의에 의하여 종전의 성과 본을 계속 사용할 수 있다.

또한 부모가 협의할 수 없거나 협의가 이루어지지 아니한 경우에도 자는 법원의 허가를 받아 종전의 성과 본을 계속 사용할 수 있다(민법 제781조 제5항).

혼인 외의 출생자가 인지 전에 상당한 기간 동안 모의 성과 본을 사용해 오다가 인지에 의하여 그 성과 본을 변경해야 할 경우 발생할 수 있는 여러 가지 혼란과 불편에 대한 배려라고 볼 수 있다.

3. 자의 성과 본의 변경

자의 복리를 위하여 자의 성과 본을 변경할 필요가 있을 때에는 부, 모 또는 자의 청구에 의하여 법원의 허가를 받아 이를 변경할 수 있다. 다만 자가 미성년자이고 법정대리인이 청구할 수 없는 경우에는 제777조의 규정에 따른 친족 또는 검사가 청구할 수 있다(제781조 제6항).

재혼가정에서 생활하고 있는 자녀들이 새아버지 등과 그 성과 본이 같지 않아 고통과 불편을 겪는 어려움 등을 해결하기 위해서이다.

관련판례

민법 제781조 제6항에 정한 '자의 복리를 위하여 자의 성과 본을 변경할 필요가 있을 때'에 해당하는지 여부의 판단 기준 및 방법에 관한 판례

민법 제781조 제6항에 정한 '자의 복리를 위하여 자의 성과 본을 변경할 필요가 있을 때'에 해당하는지 여부는 자의 나이와 성숙도를 감안하여 자 또는 친권자·양육자의 의사를 고려하되, 먼저 자의 성·본 변경이 이루어지지 아니할 경우에 내부적으로 가족 사이의 정서적 통합에 방해가 되고 대외적으로 가족 구성원에 관련된 편견이나 오해 등으로 학교생활이나 사회생활에서 겪게 되는 불이익의 정도를 심리하고, 다음으로 성·본 변경이 이루어질 경우에 초래되는 정체성의 혼란이나 자와 성·본을 함께 하고 있는 친부나 형제자매 등과의 유대 관계의 단절 및 부양의 중단 등으로 인하여 겪게 되는 불이익의 정도를 심리한 다음, 자의 입장에서 위 두 가지 불이익의 정도를 비교형량 하여 자의 행복과 이익에 도움이 되는 쪽으로 판단하여야 한다.

이와 같이 자의 주관적·개인적인 선호의 정도를 넘어 자의 복리를 위하여 성·본의 변경이 필요하다고 판단되고, 범죄를 기도 또는 은폐하거나 법령에 따른 각종 제한을 회피하려는 불순한 의도나 목적이 개입되어 있는 등 성·본 변경권의 남용으로 볼 수 있는 경우가 아니라면, 원칙적으로 성·본 변경을 허가함이 상당하다(대법원 2009.12.11자 2009스23 결정).

IV. 가족관계등록제도

1. 가족관계등록제도의 의의

2008년 1월1일부터는 가족관계의 등록 등에 관한 법률의 시행에 의해 종래의 호적부가 '가족관계등록부'로 바뀌게 되었다. 따라서 종래의 호적 등·초본은 5가지

가족관계등록사항별 증명서로 바뀌게 되고, 본적은 폐지되어 등록기준지로 변경되었다.

종래의 호적제도에서는 동일한 호적 내에 있는 가족 구성원 전원의 인적 사항이 모두 나타나 불필요한 개인 정보가 노출되었으나, 가족관계등록제도에서는 증명 목적에 따라 5가지 증명서로 나누어 발급하고 있으므로 개인 정보가 보호받을 수 있게 되었다.

2. 가족관계등록부의 종류

가족관계 등록사항별 증명서	개별 기재 사항
가족관계 증명서	부모, 양부모, 배우자, 자녀의 인적 사항 (3대에 한정됨)
기본 증명서	본인의 출생, 사망, 국적상실·취득 및 회복 등에 관한 사항(혼인, 입양여부는 다른 증명서에 의함)
혼인관계 증명서	배우자 인적 사항 및 혼인, 이혼에 관한 사항
입양관계 증명서	양부모 또는 양자 인적 사항 및 입양, 파양에 관한 사항
친양자 입양관계 증명서	친생부모, 양부모 또는 친양자 인적 사항 및 입양, 파양에 관한 사항
◎ 공통 기재 사항	본인의 등록기준지, 성명, 성별, 본, 출생연월일 및 주민등록 번호

(출처: 법무부, 한국인의 법과 생활)

§§관련조문

＊민 법

제767조[친족의 정의] 배우자, 혈족 및 인척을 친족으로 한다.

제768조[혈족의 정의] 자기의 직계존속과 직계비속을 직계혈족이라 하고 자기의 형제자매와 형제자매의 직계비속, 직계존속의 형제자매 및 그 형제자매의 직계비속을 방계혈족이라 한다.

제769조[인척의 계원] 혈족의 배우자, 배우자의 혈족, 배우자의 혈족의 배우자

를 인척으로 한다.

제770조[혈족의 촌수의 계산] ① 직계혈족은 자기로부터 직계존속에 이르고 자기로부터 직계비속에 이르러 그 세수를 정한다.

② 방계혈족은 자기로부터 동원의 직계존속에 이르는 세수와 그 동원의 직계 존속으로 부터 그 직계비속에 이르는 세수를 통산하여 그 촌수를 정한다.

제771조[인척의 촌수의 계산] 인척은 배우자의 혈족에 대하여는 배우자의 그 혈족에 대한 촌수에 따르고, 혈족의 배우자에 대하여는 그 혈족에 대한 촌수에 따른다.

제772조[양자와의 친계와 촌수] ① 양자와 양부모 및 그 혈족, 인척 사이의 친계와 촌수는 입양한 때로부터 혼인중의 출생자와 동일한 것으로 본다.

② 양자의 배우자, 직계비속과 그 배우자는 전항의 양자의 친계를 기준으로 하여 촌수를 정한다.

제775조[인척관계 등의 소멸] ① 인척관계는 혼인의 취소 또는 이혼으로 인하여 종료한다.

② 부부의 일방이 사망한 경우 생존배우자가 재혼한 때에도 제1항과 같다.

제776조[입양으로 인한 친족관계의 소멸] 입양으로 인한 친족관계는 입양의 취소 또는 파양으로 인하여 종료한다.

제777조[친족의 범위] 친족관계로 인한 법률상 효력은 이 법 또는 다른 법률에 특별한 규정이 없는 한 다음 각호에 해당하는 자에 미친다.

1. 8촌 이내의 혈족
2. 4촌 이내의 인척
3. 배우자

제779조[가족의 범위] ① 다음의 자는 가족으로 한다.

1. 배우자, 직계혈족 및 형제자매
2. 직계혈족의 배우자, 배우자의 직계혈족 및 배우자의 형제자매

② 제1항 제2호의 경우에는 생계를 같이 하는 경우에 한한다.

제781조[자의 성과 본] ① 자는 부의 성과 본을 따른다. 다만, 부모가 혼인신고시 모의 성과 본을 따르기로 협의한 경우에는 모의 성과 본을 따른다.

② 부가 외국인인 경우에는 자는 모의 성과 본을 따를 수 있다.

③ 부를 알 수 없는 자는 모의 성과 본을 따른다.

④ 부모를 알 수 없는 자는 법원의 허가를 받아 성과 본을 창설한다. 다만, 성과 본을 창설한 후 부 또는 모를 알게 된 때에는 부 또는 모의 성과 본을 따를 수 있다.

⑤ 혼인 외의 출생자가 인지된 경우 자는 부모의 협의에 따라 종전의 성과 본을 계속 사용할 수 있다. 다만, 부모가 협의할 수 없거나 협의가 이루어지지 아니한

경우에는 자는 법원의 허가를 받아 종전의 성과 본을 계속 사용할 수 있다.
⑥ 자의 복리를 위하여 자의 성과 본을 변경할 필요가 있을 때에는 부, 모 또는 자의 청구에 의하여 법원의 허가를 받아 이를 변경할 수 있다. 다만, 자가 미성년자이고 법정대리인이 청구할 수 없는 경우에는 제777조의 규정에 따른 친족 또는 검사가 청구할 수 있다.

사례문답

1 친족의 범위와 친족관계의 효력은 어떻게 되는가?

【질 문】

을녀는 전남편의 딸 A녀를 데리고 갑남과 재혼하였다.

1. 의붓아버지(계부)인 갑남과 의붓딸(계자녀)인 A녀는 어떠한 친족관계가 되며, 친족관계이면 어떠한 효력이 발생하는가?
2. 만약 의붓아버지 갑남이 의붓딸 A녀를 성폭행하면 어떤 법의 처벌을 받게 되는가?

【해 설】

1. 민법은 친족의 범위를 8촌 이내의 혈족, 4촌 이내의 인척, 배우자로 규정하고 있다(민법 제777조). 따라서 의붓아버지 갑남과 의붓딸인 A녀는 배우자의 혈족이므로 인척으로 1촌간이 된다. 친족관계가 되면 민법상 직계혈족 및 그 배우자, 기타 생계를 같이 하는 친족 간에는 부양의무가 발생한다. 다만 인척관계이므로 상속은 받을 수 없다.

형법상 범인은닉죄, 증거인멸죄의 경우 친족 또는 동거의 가족이 본인을 위하여 죄를 범하였을 때 친족간의 특례를 적용해 처벌하지 아니한다(형법 제151조 제2항, 제155조 제4항).

또한 권리행사방해죄, 절도죄, 사기죄, 공갈죄, 횡령죄, 장물에 관한 죄를 직계혈족, 동거친족, 동거가족 또는 그 배우자 간에 범하였을 때에는 그 형을 면제하는데 이를 친족상도례(親族相盜例)라고 한다.

그러나 반대로 자기 또는 배우자의 직계 존속에 대하여 존속살해죄, 존속상해죄, 존속폭행죄 등의 죄를 범하였을 때에는 친족관계로 인하여 더 무겁게 처벌받는 경우도 있다.

2. 의붓아버지 갑남이 의붓딸 A녀를 성폭행하면 성폭력범죄의 처벌 등에 관한 특례법에 의해 처벌할 수 있다.

친족관계에 의한 성폭력범죄의 친족의 범위는 4촌 이내의 혈족 · 인척과 동거하는 친족이다(동법 제5조 제4항). 친족관계인 사람이 강간죄를 범한 경우는 7년 이상의 유기징역, 강제추행죄를 범한 경우는 5년 이상의 유기징역에 처하게 된다(동법 제5조 제1항, 2항).

의붓딸이 의붓아버지를 한 집에 살면서 고소하기 어려운 점이 있을 수 있다는 점을 감안하여 성폭력범죄의 처벌 등에 관한 특례법에서는 피해자의 고소가 없어도 검사가 공소를 제기하여 처벌할 수 있도록 하고 있다.

2 재혼한 남편의 성과 본으로 전남편 자녀들의 성과 본을 변경할 수 있는가?

【질 문】

갑남과 을녀는 이혼하면서 을녀가 자녀들을 양육하기로 하였다. 을녀는 병남과 재혼을 하였는데 어린 자녀들이 학교생활을 하면서 새아버지와 성이 다른 것을 부끄러워하는 모습을 보고 가슴이 아팠다. 자녀들도 새아버지를 친아버지처럼 잘 따르고 있는데 현행법상 아이들의 성과 본을 재혼한 병남의 성과 본으로 변경할 수 있는가?

【해 설】

성은 부계혈통을 나타내는 표식이고 본은 시조의 발상지를 나타내는 지명이다. 우리 민족은 성과 본은 바꿀 수 없다는 생각이 강했는데 2008년 1월 1일부터 시행되고 있는 개정된 민법에 의하면 이러한 사고에 변화를 가져왔다.

자녀의 복리를 위하여 자녀의 성과 본을 변경할 필요가 있을 때에는 이를 허용하고 있다

첫째 방법은 부, 모 또는 자의 청구에 의하여 법원의 허가를 받아 성과 본을 변경할 수 있다. 다만, 자가 미성년이고 법정대리인이 청구할 수 없을 경우에는 친족 또는 검사가 청구할 수 있다. 이 방법은 자의 복리를 위하여 자의 성과 본을

변경할 필요가 있을 때 허용된다(민법 제781조 제6항). 이에 대한 판단은 자의 나이와 성숙도를 감안하여 자 또는 친권자 · 양육자의 의사를 고려하되, 먼저 자의 성과 본 변경이 이루어지지 아니할 경우에 학교생활이나 사회생활에서 겪게 되는 불이익의 정도를 심리하여 자녀의 행복과 이익에 도움이 되는 방향으로 행하여져야 한다(대법원 2009.12.11. 자 2009스23 결정).

둘째 방법은 친양자로 입양하여 새아버지인 양부(養父)의 성과 본으로 변경할 수 있다. 친양자의 입양이 허용되려면 자녀들이 미성년자이어야 하며, 친양자로 될 자의 친생부모가 친양자의 입양에 동의하여야 한다. 그리고 원칙적으로 3년 이상 혼인 중인 부부이어야 하는데 예외적으로 부부 일방이 그 배우자의 친생자를 친양자로 하는 경우에는 1년 이상 혼인 중인 경우에도 허용된다. 이러한 요건을 갖추어 가정법원에 친양자 입양의 청구를 하면 된다(민법 제908조의 2).

친양자의 입양이 이루어지면 부부의 혼인 중 출생자로 보며 양부와 친양자 사이는 혈족관계가 된다.

위의 2가지 방법 중 전 남편의 동의 없이 성과 본을 변경하기에는 첫째 방법이 수월하나 새아버지와 자녀들의 관계가 인척관계이므로 재산을 상속받지 못한다는 점이 과제로 남는다.

한편, 둘째 방법은 전 남편의 동의를 얻어야 하는 어려움이 있으나 전 남편의 친권이 상실되거나 사망 그 밖의 사유로 동의할 수 없는 경우에는 동의를 얻지 아니하여도 된다. 친양자는 양부와 법정혈족관계이므로 양부의 재산을 상속받을 수 있게 된다.

Chapter 2

혼인과 이혼

Ⅰ. 혼인의 의의

Ⅱ. 혼인의 성립요건

Ⅲ. 혼인의 무효와 취소

Ⅳ. 혼인의 효력

Ⅴ. 혼인의 해소

◈ 사례문답: 형부와 쌍둥이 자매인 처제와의 혼인

◈ 사례문답: 유책배우자의 재산분할 청구

세상에서 가장 행복한 사람은 젊은 시절 맞이한
좋은 배우자와 평생을 함께 하는 사람이다.

제2장

혼인과 이혼

I. 혼인의 의의

혼인이라 함은 평생 동안 공동생활을 목적으로 하는 일남 일녀의 결합이다. 혼인계약은 실질적인 성립요건과 형식적인 성립요건을 모두 갖추었을 때 성립한다. 혼인신고를 한 부부 사이를 법률에 의해 보장되는 법률혼이라 하고, 혼인신고를 하지 아니한 부부 사이는 사실혼이라 하여 그 보호되는 범위가 법률혼에 비하여 제한을 받는다

II. 혼인의 성립요건

1. 실질적 요건

(1) 혼인의사의 합치

혼인 당사자 사이에 정신적이며 육체적인 결합의사가 있어야 한다. 혼인의사는 혼인신고서 작성을 할 때뿐만 아니라 신고수리 시에도 존재하여야 한다. 이러한 혼인의사가 없는 가장혼인은 무효이다.

(2) 혼인 적령

혼인적령은 혼인할 수 있는 적합한 연령을 의미한다. 남자와 여자 모두 만18세가 되어야 한다. 이에 위반한 혼인은 취소사유가 된다.

(3) 동의를 필요로 하는 혼인

(가) 혼인적령이 된 미성년자는 혼인을 할 때에 부모의 동의를 얻어야 하며, 부모의 동의를 얻을 수 없을 때는 미성년후견인의 동의를 얻어야 한다.

(나) 피성년후견인은 혼인을 할 때에 부모 또는 성년후견인의 동의를 얻어야 한다.

(4) 근친혼 등의 금지

(가) 동성동본인 8촌 이내의 혈족, 당사자 간에 직계인척, 당사자 간에 양부모계의 직계혈족 관계가 있으면 혼인의 무효사유가 된다.

(나) 위의 사유 이외에 6촌 이내의 혈족의 배우자, 배우자의 6촌 이내의 혈족, 배우자의 4촌 이내의 혈족의 배우자인 인척이거나 이러한 인척이었던 자 사이에서는 혼인하게 되면 혼인의 취소사유가 된다.

(5) 중혼(이중혼인)의 금지

(가) 중혼은 배우자 있는 자가 다시 혼인하는 것을 말하며, 이는 혼인의 취소사유가 된다.

(나) 중혼은 실종선고 후 재혼하였는데 실종자가 생존하여서 그 선고가 취소된 경우, 전혼(前婚)의 이혼 취소가 이루어진 경우 등에 발생한다.

2. 형식적 요건

(1) 혼인신고

(가) 혼인은 가족관계등록 등에 관한 법률의 정한 바에 의해 신고하여야 그 효력이 생긴다. 이를 법률혼이라고 한다.

(나) 혼인신고는 당사자 쌍방과 성년자인 증인 2인이 연서한 서면으로 하여야 한다.

(다) 혼인신고는 관련 법령에 위반함이 없는 때 이를 수리하여야 하며 수리하면 그 효력이 발생한다.

(2) 조정 · 심판에 의한 혼인신고

(가) 사실혼 관계의 혼인생활 중 어느 일방의 협조가 이루어지지 않아 혼인신고가 지연되고 있을 때 하는 혼인신고이다.

(나) 먼저 조정을 신청하고, 조정이 이루어지지 아니하면 사실혼관계 존재확인의 소를 제기할 수 있다. 심판이 확정되면 심판확정일로부터 1개월 이내에 혼인 신고를 할 수 있으며, 이로써 법률혼으로 효력이 발생한다.

조정(調停)이란 중립적인 제3자가 개입하여 양 당사자를 적극적으로 설득하고 양보하게 하여 합의하도록 도와주는 것을 말한다. 가사사건의 경우 대부분이 소송으로 가기 전에 조정을 거치도록 조정전치주의를 채택하고 있다.

> **관련판례**
>
> **혼인의 유효 요건이 결여된 혼인을 무효라고 본 판례**
>
> 혼인이 유효하기 위하여는 당사자 사이에 혼인의 합의가 있어야 하고, 이러한 혼인의 합의는 혼인신고를 할 당시에도 존재하여야 한다. 혼례식을 거행하고 사실혼 관계에 있었으나 일방이 뇌졸중으로 혼수상태에 빠져 있는 사이에 혼인신고가 이루어졌다면 특별한 사정이 없는 한 위 신고에 의한 혼인은 무효라고 하였다(대법원 1996.6.28. 선고 94므1089 판결).

III. 혼인의 무효와 취소

1. 혼인의 무효

(1) 혼인의 무효사유(민법 제815조)

① 당사자간에 혼인의 합의가 없는 때

② 혼인이 제809조 제1항의 규정을 위반한 때(8촌 이내의 혈족 간의 혼인)

③ 당사자간에 직계인척관계가 있거나 있었던 때

④ 당사자간에 양부모계의 직계혈족관계가 있었던 때

(2) 혼인무효의 효과

혼인이 무효로 되면 처음부터 아무런 효과가 발생하지 않게 된다. 따라서 혼인 중의 출생자가 혼인 외의 출생자로 되며 자의 양육문제가 발생한다.

2. 혼인의 취소

(1) 혼인의 취소사유, 취소권자 및 취소권의 제한

<table>
<tr><th>취소사유</th><th>취소권자</th><th>취소권의 제한</th></tr>
<tr><td>혼인 적령 위반</td><td>• 당사자, 법정대리인</td><td rowspan="2">• 19세에 달한 후 또는 성년후견 종료의 심판이 있은 후 3월 내
• 혼인 중 임신한 때</td></tr>
<tr><td>동의 결여된 혼인</td><td>• 당사자, 법정대리인</td></tr>
<tr><td>근 친 혼</td><td>• 당사자, 직계혈족
• 4촌 이내의 방계혈족</td><td>• 혼인 중 임신한 때</td></tr>
<tr><td>중혼(이중혼인)</td><td>• 당사자, 배우자
• 직계혈족, 검사
• 4촌 이내 방계혈족</td><td></td></tr>
<tr><td>악질(惡疾), 중대한 사유</td><td>• 상대방 배우자</td><td>• 그 사유를 안 날로부터 6월 내</td></tr>
<tr><td>사기 · 강박에 의한 혼인</td><td>• 당사자</td><td>• 사기를 안 날 또는 강박을 면한 날부터 3월 내</td></tr>
</table>

(출처: 이준현, 채권법 · 친족상속법)

(2) 혼인취소의 효과

혼인이 취소되면 무효의 경우와 달리 장래에 대해서만 효과가 발생한다. 혼인 중의 출생자는 그 신분을 그대로 유지한다. 자의 양육책임 문제가 발생하며, 과실 있는 상대방에 대하여 재산상 · 정신상의 손해배상을 청구할 수 있다.

Ⅳ. 혼인의 효력

1. 일반적 효력

(1) 친족관계의 발생

혼인하면 당사자 사이에는 배우자관계가 생기며, 상대방 혈족(처가, 시가) 사이에는 인척관계가 생긴다.

(2) 동거 · 부양 · 협조 · 정조의무의 발생

(가) 부부는 원칙적으로 동거하여야 하며, 정당한 이유로 일시적으로 동거하지 아니하는 경우에는 서로 인용하여야 한다. 예를 들면 장기간 해외취업, 건강상 요양의 경우 등이다. 동거장소는 부부의 협의에 따라 정한다.

(나) 정조의무는 혼인의 본질상 당연히 인정되는 의무이며, 이를 위반한 때에는 재판상 이혼원인이 되고, 유책배우자는 손해배상책임을 진다.

(3) 성년의제

(가) 성년의제라 함은 미성년자라도 부모 동의를 얻어 혼인신고를 하면 성년으로 인정하는 제도를 말한다.

(나) 이 제도는 법률혼에서만 인정되고 사실혼에서는 인정되지 아니한다.

(다) 민법에서 인정되는 제도이므로 다른 법령에는 적용되지 아니한다.

(4) 부부간의 계약취소권

(가) 부부간의 계약은 혼인 중 언제든지 부부의 일방이 이를 취소할 수 있다. 다만 이미 취득한 제3자의 권리를 침해하지는 못한다.

(나) 혼인 중이라 함은 원만한 혼인관계가 계속되고 있는 상태를 말하며, 파탄에 빠진 경우는 원칙적으로 계약취소권이 인정되지 아니한다.

2. 재산상 효력

(1) 부부별산제(夫婦別産制)

부부재산계약을 체결하지 아니한 경우 법률의 규정에 따라 부부의 일방이 혼인 전부터 가진 고유재산과 혼인 중 자기의 명의로 취득한 재산은 각자의 특유재산으로 한다. 부부의 누구에게 속한 것인지 분명하지 아니한 재산은 부부의 공유로 추정한다.

(2) 일상가사대리권과 일상가사로 인한 채무의 연대책임

(가) 일상가사란 가정공동생활을 하는 데 있어서 이루어지는 행위로서 의식주 비용, 자녀의 교육비, 의료비, 가옥의 차임, 공과금 및 세금 납부 등을 의미한다.

(나) 부부는 일상가사에 관하여 서로 대리권이 있으며, 이 대리권에 가한 제한은 선의의 제3자에게 대항하지 못한다.

(다) 부부 중 어느 일방이 일상가사에 관해 제3자와 계약을 한 경우 다른 일방도 그 채무에 대해 연대하여 책임을 진다. 다만 제3자에게 다른 일방의 책임 없음을 명백히 한 때에는 다른 일방에게 책임이 없다.

(3) 생활비용의 부담

부부의 공동생활에 필요한 비용부담은 당사자 간에 특별한 약정이 없으면 부부가 공동으로 부담한다.

V. 혼인의 해소

1. 혼인해소의 유형

(1) 사망에 의한 혼인의 해소

부부의 어느 일방이 사망하면 혼인의 효력이 소멸하며, 생존배우자의 상속이 개시된다. 생존배우자의 상대방 혈족과의 인척관계는 재혼할 때에 한하여 소멸한다.

(2) 실종선고에 의한 혼인의 해소

부부의 어느 일방에게 실종선고가 있게 되면 그 실종기간이 만료된 때에 혼인이 해소된다.

(3) 이혼에 의한 혼인의 해소

혼인의 효력은 이혼에 의해서도 소멸되는데, 그 유형에는 협의상 이혼과 재판상 이혼이 있다.

2. 이혼의 성립

(1) 협의상 이혼

(가) 실질적 요건

당사자 간에 이혼의사의 합치가 있어야 한다. 미성년자는 성년의제가 되었으므로 이혼할 때 동의를 요하지 않으나 금치산자는 부모 또는 후견인, 친족회의 동의를 얻어야 한다.

(나) 형식적 요건

이혼신고를 하여야 그 효력이 생긴다. 이혼신고는 전문상담인의 안내를 받은 날부터 일정한 기간이 경과한 후에 비로소 가정법원의 확인을 받을 수 있다.

이를 이혼의 숙려기간이라 하며, 양육해야 할 자(포태 중인 자 포함)가 있는 경우에는 3월, 이에 해당하지 아니하는 경우에는 1월이 경과하여야 한다.

또한 이혼신고서 제출 시 자녀 양육사항 및 친권자 지정 협의서 제출이 의무화되어 있다.

(2) 재판상 이혼

(가) 재판상 이혼원인(민법 제840조)

(a) 배우자에 부정한 행위가 있었을 때

(b) 배우자가 악의로 다른 일방을 유기한 때

(c) 배우자 또는 그 직계존속으로부터 심히 부당한 대우를 받았을 때

(d) 자기의 직계존속이 배우자로부터 심히 부당한 대우를 받았을 때

(e) 배우자의 생사가 3년 이상 분명하지 아니한 때

(f) 기타 혼인을 계속하기 어려운 중대한 사유가 있을 때

(나) 재판상 이혼절차

재판상 이혼을 하려는 자는 먼저 가정법원에 조정을 신청하고, 조정이 성립되지 아니하면 재판을 받게 된다. 조정의 성립 또는 판결이 확정된 날로부터 1개월 내에 이혼신고를 하여야 한다.

(다) 유책배우자의 이혼청구권

유책배우자란 혼인 파탄에 대한 책임이 있는 배우자를 의미하며, 원칙적으로 유책배우자에게는 이혼청구권을 인정하지 아니한다. 예외적으로 쌍방 유책인 경우나 보복적인 감정에서 불응하나 명백한 이혼의사가 있는 경우 등 파탄상태에 있게 되면 유책배우자의 이혼청구권을 인정한다.

관련판례

1. 유책배우자에게 원칙적으로 이혼청구권이 없다는 판례

재판상 이혼에 관하여 유책주의를 채택하고 있는 우리 법제에서는 민법 제840조 제1호 내지 제5호의 이혼사유가 있는 경우라도 위 각호의 이혼사유를 일으킨 배우자보다 상대방 배우자에게 혼인파탄의 주된 책임이 있는 경우에는 상대방 배우자는 위 이혼사유를 들어 이혼청구를 할 수 없다(대법원 1993.4.23. 선고 92므1078 판결)

2. 유책배우자에게 예외적으로 이혼청구권이 인정될 수 있다는 판례

유책배우자의 이혼제기에 대하여 상대배우자도 이혼의 반소를 제기하거나 오기나 보복적 감정에서 표면적으로는 이혼에 불응하고 있기는 하나 실제에 있어서는 혼인의 계속과는 도저히 양립할 수 없는 행위를 하는 등 그 이혼의 의사가 객관적으로 명백한 경우에는 비록 혼인의 파탄에 관하여 전적인 책임이 있는 배우자의 이혼청구라 할지라도 이를 인용함이 상당하다(대법원 1987.4.14. 선고 86므28 판결).

3. 이혼의 효력

(1) 일반적 효력

당사자 간에 부부관계가 소멸하고 상대방 혈족 간에는 인척관계가 소멸한다.

(2) 자에 대한 효력

(가) 자의 양육책임

당사자는 자의 양육에 관한 사항을 협의에 의해 정하여야 하며 협의에는 양육자의 결정, 양육비용의 부담, 면접교섭권의 행사여부 및 방법 등이 포함되어야 한다.

양육에 관한 사항의 협의가 이루어지지 아니하거나 협의할 수 없는 때에는 가정법원의 직권 또는 당사자의 청구에 따라 이를 결정한다.

(나) 면접교섭권

면접교섭권은 자를 직접 양육하지 아니하는 부모의 일방과 자가 상호 면접교섭, 서신교환 할 수 있는 권리이다. 그 행사방법과 범위는 부모 협의를 존중하되 협의가 되지 아니하면 가정법원에 청구하여 법원이 결정하게 된다. 가정법원은 자의 복리를 위하여 필요한 때에는 당사자의 청구 또는 직권에 의하여 면접교섭을 제한하거나 배제할 수 있다.

(3) 재산상 효력

(가) 손해배상청구권

재판상 이혼의 경우 이혼피해자는 과실 있는 상대방에 대하여 재산상의 손해와 정신상의 고통에 대한 손해배상을 청구할 수 있다. 정신상의 고통에 대한 손해배상청구권을 위자료청구권이라 한다.

(나) 재산분할청구권

(a) 재산분할청구권이라 함은 협의상, 재판상 이혼을 한 당사자 일방이 다른 일방에 대하여 재산분할을 청구할 수 있는 권리를 의미한다.

(b) 분할청구의 대상이 되는 재산은 혼인 중 부부의 협력으로 이룩한 재산을 대상으로 하며, 부부 일방의 특유재산이더라도 다른 일방이 적극적으로 그 유지에 협력하여 감소를 방지하였거나 증식에 협력한 경우에는 분할의 대상이 될 수 있다.

(c) 분할의 방법은 재산분할에 관하여 협의가 되지 아니 하거나 협의할 수 없는 때에는 가정법원이 당사자의 청구에 의하여 당사자 쌍방의 협력으로 이룩한 재산의 액수 기타 사정을 참작하여 분할의 액수와 방법을 정하게 된다.

(d) 재산분할청구권의 행사는 이혼한 날로부터 2년 내에 행사하지 아니하면 그 권리가 소멸되므로 유의하여야 한다.

(e) 재산분할청구권은 혼인관계 파탄에 대하여 책임이 있는 유책배우자도 행사할 수 있다.

관련판례

1. 부부가 혼인 중에 취득한 실질적인 공동재산에 대하여 유책배우자도 재산분할청구권이 있으며, 협의에 의하여 이혼할 때 처의 가사노동에 의한 기여로 이룩된 공동재산이 재산분할청구의 대상이 된다는 판례

혼인 중에 부부가 협력하여 이룩한 재산이 있는 경우에는 혼인관계의 파탄에 대하여 책임이 있는 배우자라도 재산의 분할을 청구할 수 있다. 민법 제839조의2에 규정된 재산분할 제도는 부부가 혼인 중에 취득한 실질적인 공동재산을 청산 분배하는 것을 주된 목적으로 하는 것이므로 부부가 협의에 의하여 이혼할 때 쌍방의 협력으로 이룩한 재산이 있는 한, 처가 가사노동을 분담하는 등으로 내조를 함으로써 부의 재산의 유지 또는 증가에 기여하였다면 쌍방의 협력으로 이룩된 재산은 재산분할의 대상이 된다(대법원 1993.5.11. 자 93스6 결정).

2. 부부 중 일방이 부동산을 취득 · 유지함에 있어 상대방의 가사노동 등이 직 · 간접으로 기여한 경우, 그 부동산이 재산분할의 대상이 되며, 제3자 명의의 재산이더라도 재산분할 대상이 될 수 있다는 판례

부부 중 일방이 상속받은 재산이거나 이미 처분한 상속재산을 기초로 형성된 부동산이더라도 이를 취득하고 유지함에 있어 상대방의 가사노동 등이 직 · 간접으로 기여한 것이라면 재산분할의 대상이 된다.

제3자 명의의 재산이더라도 그것이 부부 중 일방에 의하여 명의신탁된 재산 또는 부부의 일방이 실질적으로 지배하고 있는 재산으로서 부부 쌍방의 협력에 의하여 형성된 것이거나 부부 쌍방의 협력에 의하여 형성된 유형, 무형의 자원에 기한 것이라면 그와 같은 사정도 참작하여야 한다는 의미에서 재산분할의 대상이 된다(대법원 1998.4.10. 선고 96므1434 판결).

3. 장래의 퇴직금은 재산분할의 청산대상재산에 포함시킬 수 없으며, 법원이 재산분할 을 명함에 있어서 참작해야 할 사항에 관한 판례

부부 일방이 아직 퇴직하지 아니한 채 직장에 근무하고 있을 경우 그의 퇴직일과 수령할 퇴직금이 확정되었다는 등의 특별한 사정이 없다면, 그가 장차 퇴직금을 받을 개연성이 있다는 사정만으로 그 장래의 퇴직금을 청산의 대상이 되는 재산에 포함시킬 수 없고, 장래 퇴직금을 받을 개연성이 있다는 사정은 민법 제839조의2 제2항 소정의 재산분할의 액수와 방법을 정하는 데 필요한 '기타 사정' 으로 참작되면 족하다.

법원이 재산분할을 함에 있어서 그 방법이나 비율 또는 액수는 당사자 쌍방의 협력으로 이룩한 재산의 액수 기타의 사정을 참작하여 이를 정하여야 한다(대법원 1998.6.12. 선고 98므213 판결).

§§관련조문

***민 법**

제807조[혼인적령] 만 18세가 된 사람은 혼인할 수 있다.

제808조[동의를 요하는 혼인] ① 미성년자가 혼인을 할 때에는 부모의 동의를 얻어야 하며, 부모 중 일방이 동의권을 행사할 수 없는 때에는 다른 일방의 동의를 얻어야 하고, 부모가 모두 동의권을 행사할 수 없는 때에는 후견인의 동의를 얻어야 한다.

② 금치산자는 부모 또는 후견인의 동의를 얻어 혼인할 수 있다.

③ 제1항 및 제2항의 경우에 부모 또는 후견인이 없거나 또는 동의할 수 없는 때에는 친족회의 동의를 얻어 혼인할 수 있다.

제809조[근친혼 등의 금지] ① 8촌 이내의 혈족(친양자의 입양 전의 혈족을 포함한다) 사이에서는 혼인하지 못한다.

② 6촌 이내의 혈족의 배우자, 배우자의 6촌 이내의 혈족, 배우자의 4촌 이내의 혈족의 배우자인 인척이거나 이러한 인척이었던 자 사이에서는 혼인하지 못한다.

③ 6촌 이내의 양부모계(양부모계)의 혈족이었던 자와 4촌 이내의 양부모계의 인척 이었던 자 사이에서는 혼인하지 못한다.

제810조[중혼의 금지] 배우자 있는 자는 다시 혼인하지 못한다.

제812조[혼인의 성립] ① 혼인은 「가족관계의 등록 등에 관한 법률」에 정한 바에 의하여 신고함으로써 그 효력이 생긴다.

② 전항의 신고는 당사자쌍방과 성년자인 증인2인의 연서한 서면으로 하여야 한다.

제813조[혼인신고의 심사] 혼인의 신고는 그 혼인이 제807조 내지 제810조 및 제812조 제2항의 규정 기타 법령에 위반함이 없는 때에는 이를 수리하여야 한다.

제814조[외국에서의 혼인신고] ① 외국에 있는 본국민사이의 혼인은 그 외국에 주재하는 대사, 공사 또는 영사에게 신고할 수 있다.

② 제1항의 신고를 수리한 대사, 공사 또는 영사는 지체없이 그 신고서류를 본국의 등록기준지를 관할하는 가족관계등록관서에 송부하여야 한다.

제815조[혼인의 무효] 혼인은 다음 각 호의 어느 하나의 경우에는 무효로 한다.

1. 당사자간에 혼인의 합의가 없는 때
2. 혼인이 제809조 제1항의 규정을 위반한 때
3. 당사자간에 직계인척관계가 있거나 있었던 때
4. 당사자간에 양부모계의 직계혈족관계가 있었던 때

제816조[혼인취소의 사유] 혼인은 다음 각 호의 어느 하나의 경우에는 법원에 그 취소를 청구할 수 있다.

1. 혼인이 제807조 내지 제809조(제815조의 규정에 의하여 혼인의 무효사유에 해당하는 경우를 제외한다. 이하 제817조 및 제820조에서 같다) 또는 제810조의 규정에 위반한 때

2. 혼인 당시 당사자일방에 부부생활을 계속할 수 없는 악질 기타 중대 사유 있음을 알지 못한 때

3. 사기 또는 강박으로 인하여 혼인의 의사표시를 한 때

제817조[연령위반혼인 등의 취소청구권자] 혼인이 제807조, 제808조의 규정에 위반한 때에는 당사자 또는 그 법정대리인이 그 취소를 청구할 수 있고 제809조의 규정에 위반한 때에는 당사자, 그 직계존속 또는 4촌 이내의 방계혈족이 그 취소를 청구할 수 있다.

제818조[중혼의 취소청구권자] 혼인이 제810조의 규정을 위반한 때에는 당사자 및 그 배우자, 직계존속, 4촌 이내의 방계혈족 또는 검사가 그 취소를 청구할 수 있다.

제819조[동의 없는 혼인의 취소청구권의 소멸] 제808조의 규정에 위반한 혼인은 그 당사자가 19세에 달한 후 또는 성년후견종료의 심판이 있은 후 3개월이 지나거나 혼인 중에 임신한 경우에는 그 취소를 청구하지 못한다.

제820조[근친혼 등의 취소청구권의 소멸] 제809조의 규정에 위반한 혼인은 그 당사자간에 혼인 중 포태한 때에는 그 취소를 청구하지 못한다.

제822조[악질 등 사유에 의한 혼인취소청구권의 소멸] 제816조 제2호의 규정에 해당하는 사유 있는 혼인은 상대방이 그 사유 있음을 안 날 로부터 6월을 경과한 때에는 그 취소를 청구하지 못한다.

제823조[사기, 강박으로 인한 혼인취소청구권의 소멸] 사기 또는 강박으로 인한 혼인은 사기를 안 날 또는 강박을 면한 날로부터 3월을 경과한 때에는 그 취소를 청구하지 못한다.

제824조[혼인취소의 효력] 혼인의 취소의 효력은 기왕에 소급하지 아니한다.

제824조의2[혼인의 취소와 자의 양육 등] 제837조 및 제837조의2의 규정은 혼인의 취소의 경우에 자의 양육책임과 면접교섭 권 에 관하여 이를 준용한다.

제825조[혼인취소와 손해배상청구권] 제806조의 규정은 혼인의 무효 또는 취소의 경우에 준용한다.

제826조[부부간의 의무] ① 부부는 동거하며 서로 부양하고 협조하여야 한다. 그러나 정당한 이유로 일시적으로 동거하지 아니하는 경우에는 서로 인용하여야 한다.

② 부부의 동거장소는 부부의 협의에 따라 정한다. 그러나 협의가 이루어지지 아니하는 경우에는 당사자의 청구에 의하여 가정법원이 이를 정한다.

제826조의2[성년의제] 미성년자가 혼인을 한 때에는 성년자로 본다.

제827조[부부간의 가사대리권] ① 부부는 일상의 가사에 관하여 서로 대리권이 있다.
② 전항의 대리권에 가한 제한은 선의의 제3자에게 대항하지 못한다.
제828조[부부간의 계약의 취소] 부부간의 계약은 혼인 중 언제든지 부부의 일방이 이를 취소할 수 있다. 그러나 제3자의 권리를 해하지 못한다.
제830조[특유재산과 귀속불명재산] ① 부부의 일방이 혼인 전부터 가진 고유재산과 혼인 중 자기의 명의로 취득한 재산은 그 특유재산으로 한다.
② 부부의 누구에게 속한 것인지 분명하지 아니한 재산은 부부의 공유로 추정한다.
제831조[특유재산의 관리 등] 부부는 그 특유재산을 각자관리, 사용, 수익한다.
제832조[가사로 인한 채무의 연대책임] 부부의 일방이 일상의 가사에 관하여 제삼자와 법률행위를 한 때에는 다른 일방은 이로 인한 채무에 대하여 연대책임이 있다. 그러나 이미 제3자에 대하여 다른 일방의 책임 없음을 명시한 때에는 그러하지 아니하다.
제833조[생활비용] 부부의 공동생활에 필요한 비용은 당사자간에 특별한 약정이 없으면 부부가 공동으로 부담한다.
제834조[협의상 이혼] 부부는 협의에 의하여 이혼할 수 있다.
제835조[금치산자의 협의상 이혼] 제808조 제2항 및 제3항의 규정은 금치산자의 협의상 이혼에 이를 준용한다.
제836조[이혼의 성립과 신고방식] ① 협의상 이혼은 가정법원의 확인을 받아 「가족관계의 등록 등에 관한 법률」의 정한 바에 의하여 신고함으로써 그 효력이 생긴다.
② 전항의 신고는 당사자쌍방과 성년자인 증인 2인의 연서한 서면으로 하여야 한다.
제836조의2[이혼의 절차] ① 협의상 이혼을 하려는 자는 가정법원이 제공하는 이혼에 관한 안내를 받아야 하고, 가정법원은 필요한 경우 당사자에게 상담에 관하여 전문적인 지식과 경험을 갖춘 전문상담인의 상담을 받을 것을 권고할 수 있다.
② 가정법원에 이혼의사의 확인을 신청한 당사자는 제1항의 안내를 받은 날부터 다음 각 호의 기간이 지난 후에 이혼의사의 확인을 받을 수 있다.
1. 양육하여야 할 자(포태 중인 자를 포함한다. 이하 이 조에서 같다)가 있는 경우에는 3개월
2. 제1호에 해당하지 아니하는 경우에는 1개월
③ 가정법원은 폭력으로 인하여 당사자 일방에게 참을 수 없는 고통이 예상되는 등 이혼을 하여야 할 급박한 사정이 있는 경우에는 제2항의 기간을 단축 또는 면제할 수 있다.

④ 양육하여야 할 자가 있는 경우 당사자는 제837조에 따른 자의 양육과 제909조 제4항에 따른 자의 친권자결정에 관한 협의서 또는 제837조 및 제909조 제4항에 따른 가정법원의 심판정본을 제출하여야 한다.
⑤ 가정법원은 당사자가 협의한 양육비부담에 관한 내용을 확인하는 양육비부담조서를 작성하여야 한다. 이 경우 양육비부담조서의 효력에 대하여는 「가사소송법」 제41조를 준용한다.

제837조[이혼과 자의 양육책임] ① 당사자는 그 자의 양육에 관한 사항을 협의에 의하여 정한다.
② 제1항의 협의는 다음의 사항을 포함하여야 한다.
1. 양육자의 결정
2. 양육비용의 부담
3. 면접교섭권의 행사 여부 및 그 방법

③ 제1항에 따른 협의가 자의 복리에 반하는 경우에는 가정법원은 보정을 명하거나 직권으로 그 자의 의사 · 연령과 부모의 재산상황, 그 밖의 사정을 참작하여 양육에 필요한 사항을 정한다.
④ 양육에 관한 사항의 협의가 이루어지지 아니하거나 협의할 수 없는 때에는 가정법원은 직권으로 또는 당사자의 청구에 따라 이에 관하여 결정한다. 이 경우 가정법원은 제3항의 사정을 참작하여야 한다.
⑤ 가정법원은 자의 복리를 위하여 필요하다고 인정하는 경우에는 부 · 모 · 자(자) 및 검사의 청구 또는 직권으로 자의 양육에 관한 사항을 변경하거나 다른 적당한 처분을 할 수 있다.
⑥ 제3항부터 제5항까지의 규정은 양육에 관한 사항 외에는 부모의 권리의무에 변경을 가져오지 아니한다.

제837조의2[면접교섭권] ① 자를 직접 양육하지 아니하는 부모의 일방과 자는 상호 면접교섭 할 수 있는 권리를 가진다.
② 가정법원은 자의 복리를 위하여 필요한 때에는 당사자의 청구 또는 직권에 의하여 면접교섭을 제한하거나 배제할 수 있다.

제838조[사기, 강박으로 인한 이혼의 취소청구권] 사기 또는 강박으로 인하여 이혼의 의사표시를 한 자는 그 취소를 가정법원에 청구할 수 있다.

제839조[준용규정] 제823조의 규정은 협의상 이혼에 준용한다.

제839조의2[재산분할청구권] ① 협의상 이혼한 자의 일방은 다른 일방에 대하여 재산분할을 청구할 수 있다.
② 제1항의 재산분할에 관하여 협의가 되지 아니하거나 협의할 수 없는 때에는 가정 법원은 당사자의 청구에 의하여 당사자 쌍방의 협력으로 이룩한 재산의 액수 기타 사정을 참작하여 분할의 액수와 방법을 정한다.

③ 제1항의 재산분할청구권은 이혼한 날부터 2년을 경과한 때에는 소멸한다.

제839조의3[재산분할청구권 보전을 위한 사해행위취소권] ① 부부의 일방이 다른 일방의 재산분할청구권 행사를 해함을 알면서도 재산권을 목적으로 하는 법률행위를 한 때에는 다른 일방은 제406조 제1항을 준용하여 그 취소 및 원상회복을 가정법원에 청구할 수 있다.

② 제1항의 소는 제406조 제2항의 기간 내에 제기하여야 한다.

제840조[재판상 이혼원인] 부부의 일방은 다음 각호의 사유가 있는 경우에는 가정법원에 이혼을 청구할 수 있다.

1. 배우자에 부정한 행위가 있었을 때
2. 배우자가 악의로 다른 일방을 유기한 때
3. 배우자 또는 그 직계존속으로부터 심히 부당한 대우를 받았을 때
4. 자기의 직계존속이 배우자로부터 심히 부당한 대우를 받았을 때
5. 배우자의 생사가 3년 이상 분명하지 아니한 때
6. 기타 혼인을 계속하기 어려운 중대한 사유가 있을 때

제841조[부정으로 인한 이혼청구권의 소멸] 전조 제1호의 사유는 다른 일방이 사전동의나 사후용서를 한 때 또는 이를 안 날로부 터 6월, 그 사유 있은 날로부터 2년을 경과한 때에는 이혼을 청구하지 못한다.

제842조[기타 원인으로 인한 이혼청구권의 소멸] 제840조 제6호의 사유는 다른 일방이 이를 안 날로부터 6월, 그 사유 있은 날로부터 2년을 경과하면 이혼을 청구하지 못한다.

제843조[준용규정] 제806조, 제837조, 제837조의2 및 제839조의2의 규정은 재판상 이혼의 경우에 준용한다.

사례문답

1 형부와 쌍둥이 자매인 처제와의 혼인은 가능한가?

【질 문】

갑남의 아내인 을녀는 질병으로 어린 두 자녀를 두고 사망하였다. 아내가 병으로 고생하고 있는 동안 쌍둥이 동생인 처제 병녀가 와서 집안 살림과 조카들을 돌보아 주고 있었다. 형부 갑남은 미혼인 처제 병녀에게 결혼의사를 비추었고 처제 역시 반대하는 눈치가 아니었다.

1. 양가에서는 이를 반대하고 있는데 과연 법적으로 이들의 혼인이 가능한가?
2. 당사자간에 혼인신고 후 혼인생활 중 임신한 경우에는 어떻게 되는가?

【해 설】

1. 민법은 일정한 촌수 범위 내의 혈족 간의 혼인, 인척 간의 혼인 등을 금지하고 있으며(민법 제809조), 이를 위반할 경우 혼인의 무효 또는 취소 사유로 하고 있다.

즉, 6촌 이내의 혈족의 배우자, 배우자의 6촌 이내의 혈족, 배우자의 4촌 이내의 혈족의 배우자인 인척이거나 이러한 인척이었던 자 사이에서는 혼인하지 못하도록 하고 있다(민법 제809조 제2항).

당사자 간의 직계 인척관계가 있거나 있었던 때에 해당하는 시아버지와 며느리, 장모와 사위 간의 혼인은 무효사유가 된다(민법 제815조 제3호).

위의 무효사유 이외의 경우인 형부와 처제, 형수와 시동생 간의 혼인은 취소사유가 된다(민법 제816조 제1호).

따라서 당사자, 그 직계존속 또는 4촌 이내의 방계혈족이 취소를 청구할 수 있다(민법 제817조). 다만, 취소청구권자들이 반드시 취소해야 하는 것은 아니므로 취소하지 아니하면 유효한 혼인으로 된다.

2. 형부와 처제의 혼인의 취소청구가 보류되고 있는 동안에 혼인 중(혼인신고 후) 포태(임신)한 경우에는 취소를 청구하지 못하도록 하고 있다(민법 제820조).

이것은 혼인의 취소사유에 해당하지만 자녀를 두게 된 가정을 보호하려는 취지라고 볼 수 있다.

2 유책배우자는 재산분할을 청구할 수 없는가?

【질 문】

갑남과 을녀는 결혼생활 10년째로 서로에 대해 권태기를 느끼고 있었다. 그러던 중 아내 을녀가 외도를 한 사실이 드러나서 갑남과 을녀의 결혼생활은 파탄지경에 이르게 되었다.

1. 갑남과 을녀는 이혼에 대한 협의가 이루어지지 않을 경우 서로 상대방에 대하여 재판상 이혼을 청구할 수 있는가?
2. 을녀는 유책배우자이지만 재산분할을 청구할 수 있는가?
3. 이혼 소송 중 남편 갑남이 심장마비로 사망한 경우 그 재산관계는 어떻게 되는가?

【해 설】

1. 혼인의 파탄에 대하여 책임이 있는 배우자를 유책배우자(有責配偶者)라고 하며, 과연 유책배우자에게 이혼청구권을 인정할 것인가가 문제된다.

원칙적으로는 유책배우자에게 이혼청구권을 인정하지 아니하나 예외적으로 인정하는 경우도 있다. 상대배우자가 오기나 보복적 감정으로 이혼에 불응하고 있으나 실제로는 혼인의 계속과는 도저히 양립할 수 없는 행위를 하는 등 그 이혼의 의사가 객관적으로 명백한 경우에는 유책배우자의 이혼청구권을 인정한다(대법원 1987.4.14. 선고 86므28 판결).

따라서 남편 갑남에게 이러한 사유가 없는 한 남편은 이혼청구권을 행사할 수 있으나 유책배우자인 을녀는 원칙적으로 이혼청구권을 행사할 수 없다.

2. 이혼의 경우 재산분할청구는 재산형성에 대한 각자의 노력과 기여를 반영하여 이를 청산하는 의미와 이혼 후 생활능력이 약한 배우자를 위한 부양의 의미

로 인정되는 것이다.

재산분할청구는 혼인 중에 부부가 협력하여 이룩한 공동재산의 청산 및 분배를 주된 목적으로 하기 때문에 유책배우자라 하더라도 그 재산분할을 청구할 수 있다(대법원 1993.5.11.자 93스6 결정).

재산분할의 비율 결정은 이혼부부의 재산상태, 기여도, 가사노동의 대가, 혼인기간, 당사자의 취업여부, 연령, 건강상태 등을 종합적으로 고려하여 정하여야 한다. 통계에 의하면 '맞벌이 부부'인 경우는 아내의 재산형성 기여도를 50%, '가업협력형'인 경우에도 기여도를 50% 인정한 사례가 대부분이다. '전업주부형'의 경우는 기여도를 3분의 1에서 2분의 1(50%)까지 다양하게 인정하고 있다.

3. 이혼소송과 재산분할청구가 함께 이루어진 경우 재산분할청구는 이혼의 성립을 전제로 하여 인정되는 것이므로 이혼소송 중 갑남이 사망하면 이혼소송이 종료되면서 재산분할 청구소송도 종료하게 된다(대법원 2001.10.24. 선고 99다33458 판결).

따라서 이러한 경우는 갑남의 재산에 대해 배우자인 을녀가 상속을 받게 된다. 직계비속인 자녀가 있으면 자녀와 공동상속을 하고, 직계비속이 없고 직계존속인 시부모가 있으면 시부모와 공동상속을 하게 된다. 이 경우 시부모도 없으면 단독상속을 한다.

Chapter

상 속 3

Ⅰ. 상속의 의의

Ⅱ. 상속회복청구권

Ⅲ. 상 속 인

Ⅳ. 상속의 효력

Ⅴ. 상속의 승인과 포기

◈ 사례문답: 상속받은 재산보다 부채가 더 많은 경우

◈ 사례문답: 계모의 재산 상속 여부

자녀에게 물고기를 잡아 주면 한 끼가 배부를 것이고,
자녀에게 물고기 잡는 법을 가르쳐 주면 평생이 배부를 것이다.

제3장

상 속

Ⅰ. 상속의 의의

상속이란 사람이 사망한 경우에 그 자(피상속인)의 재산상의 지위 내지 권리·의무가 포괄적으로 승계되는 것을 말한다. 상속은 피상속인의 사망에 의해 개시된다(민법 제997조).

상속인은 상속을 받는 자이고, 피상속인은 상속재산의 권리·의무를 승계해주는 자를 의미한다.

상속제도는 사유재산제도에서 유래된 것이다. 우리 민법상 상속의 유형으로는 유언에 의한 지정 상속과 유언이 없을 경우 이루어지는 법정상속이 있다.

유언에 의한 상속의 경우 지나친 유언의 폐단을 방지하고자 상속재산의 일정 부분을 상속인들이 청구할 수 있는 유류분제도를 채택하고 있다.

Ⅱ. 상속회복청구권

1. 상속회복청구권의 의의

상속회복청구권이라 함은 상속권이 침해된 경우 상속권자 또는 그 법정대리인이 상속권을 주장하여 상속재산을 회복하는 청구권을 의미한다.

참칭(僭稱) 상속권자는 상속권 없이 상속받은 자를 말하며, 공동상속인이더라도 자기 상속분을 초과한 경우에는 이에 해당된다.

2. 상속회복청구권의 행사기간

상속회복청구권은 그 침해를 안 날부터 3년, 상속권의 침해행위가 있은 날부터 10년을 경과하면 소멸되므로 그 기간 내에 행사하여야 한다(민법 제999조 제2항).

관련판례

재산상속회복 청구의 소의 상대방이 되는 참칭상속인의 의미에 관한 판례

상속회복청구의 상대방이 되는 참칭상속인이라 함은 재산상속인인 것을 신뢰케 하는 외관을 갖추고 있는 자나 상속인이라고 참칭하여 상속재산의 전부 또는 일부를 점유하는 자를 가리키는 것으로서, 공동상속인의 한 사람이 다른 상속인의 상속권을 부정하고 자기만이 상속권이 있다고 참칭하는 경우도 여기에 해당한다 할 것이고, 이와 같은 요건을 충족하면서 진정한 상속인의 상속권(또는 상속분)을 침해하기만 하면 참칭상속인은 별다른 요건을 필요로 하지 아니하고 상속회복 청구의 상대방이 될 수 있는 것이다(대법원 1991.2.22. 선고 90다카19470 판결).

Ⅲ. 상 속 인

1. 상속의 순위

(1) 배우자 이외의 자의 상속순위(민법 제1000조)

(가) 제1순위

제1순위는 피상속인의 직계비속이다.

직계비속에는 자녀, 손자녀 등이 포함된다. 직계비속이 여러 명인 경우 촌수가 가까운 직계비속이 상속인이 된다. 따라서 여러 명의 자녀와 손자녀가 있을 경우 자녀들이 우선적으로 공동 상속을 받게 된다.

직계비속이면 자연 혈족인 친생자나 법정혈족인 양자, 혼인 중의 출생자나 혼인 외의 출생자, 남자나 여자, 기혼이나 미혼을 불문하고 같은 순위로 상속인이 된다.

(나) 제2순위

제2순위는 피상속인의 직계존속이다.

직계 존속에는 부모, 조부모 등이 포함된다. 직계존속이 여러 명인 경우 촌수가 가까운 직계존속이 우선적으로 공동상속을 받게 된다.

직계존속이면 부계나 모계, 생가나 양가, 남자나 여자를 불문하고 같은 순위로 상속인이 된다.

(다) 제3순위

제3순위는 피상속인의 형제자매이다.

형제자매는 남자나 여자, 기혼이나 미혼, 부계나 모계를 불문하고 같은 순위로 상속인이 된다.

(라) 제4순위

제4순위는 피상속인의 4촌 이내의 방계혈족이다.

촌수가 가까운 3촌인 방계혈족이 우선하며, 3촌인 방계혈족이 없으면 4촌인 방계혈족이 상속인이 된다

남자나 여자, 기혼이나 미혼, 부계나 모계를 불문하고 같은 순위로 상속인이 된다.

관련판례

이성동복(異姓同腹)의 형제자매도 상속인의 범위에 포함된다는 판례

민법 제1000조 제1항 제3호 소정의 '피상속인의 형제자매'라 함은, 민법 개정 시 친족의 범위에서 부계와 모계의 차별을 없애고, 상속의 순위나 상속분에 관하여도 남녀 간 또는 부계와 모계 간의 차별을 없앤 점 등에 비추어 볼 때, 부계 및 모계의 형제자매를 모두 포함하는 것으로 해석하는 것이 상당하다(대법원 1997.11.28. 선고 96다5421 판결)

(2) 배우자의 상속순위(민법 제1003조)

(가) 배우자는 그의 직계비속이 있는 때에는 직계비속과 공동상속을 하고, 직계비속이 없는 때에는 직계존속과 공동상속을 하고, 직계존속도 없는 때에는 단독상속을 한다.

(나) 배우자란 혼인신고를 마친 법률혼상의 배우자를 의미하므로 사실혼상의 배우자는 상속을 받지 못한다. 상속인이 없을 경우 사실혼상의 배우자가 특별연고자로 상속재산의 분여(分與) 청구권을 가질 수는 있다(민법 제1057조의 2).

(다) 재판상 이혼의 경우 소송 중에 일방이 사망했을 때는 생존배우자가 잘못이 있는 유책배우자 이더라도 이혼소송이 종료되고 상속을 받게 된다.

2. 상속인의 결격

(1) 상속인의 결격사유(민법 제1004조)

다음 사항들은 민법이 규정하고 있는 상속 결격사유에 해당한다.

(가) 고의로 직계존속, 피상속인, 그 배우자 또는 상속의 선순위나 동순위에 있는 자를 살해하거나 살해하려 한 자

(나) 고의로 직계존속, 피상속인과 그 배우자에게 상해를 가하여 사망에 이르게 한 자

(다) 사기 또는 강박으로 피상속인의 상속에 관한 유언 또는 유언의 철회를 방해한 자

(라) 사기 또는 강박으로 피상속인의 상속에 관한 유언을 하게 한 자

(마) 피상속인의 상속에 관한 유언서를 위조 · 변조 · 파기 또는 은닉한 자

(2) 상속결격의 효력

(가) 상속이 개시되기 전에 결격사유가 생기면 상속을 받을 수 없게 되고, 상속이 개시된 후에 결격사유가 생기면 이미 이루어진 상속이더라도 상속개시 된 때로 소급하여 무효가 된다.

(나) 상속결격자의 상속분은 배우자나 직계비속이 대습상속 하게 된다.

3. 대습상속(代襲相續)

(1) 상속인이 될 직계비속 또는 형제자매(피대습자)가 상속개시 전에 사망하거나 상속결격자가 된 경우에 그 직계비속과 배우자(대습자)가 사망하거나 결격된 자의 순위에 갈음하여 상속인이 되는 제도를 의미한다(민법 제1001조, 제1003조 제2항). 상속결격사유는 상속개시 전후를 불문한다.

대습자는 대습상속을 받는 대습상속인이고, 피대습자는 대습상속의 사유를 발생하게 하는 자이다.

(2) 대습상속이 이루어지는 사유에는 상속인이 상속개시 전에 사망하거나 상속 전후를 불문하고 상속결격사유가 발생한 경우 외에 상속인이 피상속인과 동시사망한 경우도 포함된다 이와 관련된 내용으로 '괌 사고' 판례가 있다(대법원 2001.3.9. 선고 99다 13157 판결).

(3) 상속의 포기는 대습상속의 사유에 포함되지 아니한다.

(4) 피상속인의 자녀와 손자녀가 모두 사망한 경우에는 피상속인의 사망시 증손이 대습상속하는 재대습상속도 허용된다.

관련판례

동시사망으로 추정되는 경우 대습상속이 가능하며, 피상속인의 자녀가 상속개시 전에 전부 사망한 경우 피상속인의 손자녀의 상속의 성격은 대습상속이라는 판례

<괌 사고 사례>

원래 대습상속 제도는 대습자의 상속에 대한 기대를 보호함으로써 공평을 꾀하고 생존 배우자의 생계를 보장하여 주려는 것이고, 또한 동시사망 추정규정도 자연과학적으로 엄밀한 의미의 동시사망은 상상하기 어려운 것이나 사망의 선후를 입증할 수 없는 경우 동시에 사망한 것으로 다루는 것이 결과에 있어 가장 공평하고 합리적이라는 데에 그 입법 취지가 있는 것인바, 상속인이 될 직계비속이나 형제자매(피대습자)의 직계비속 또는 배우자(대습자)는 피대습자가 상속개시 전에 사망한 경우에는 대습상속을 하고, 피대습자가 상속개시 후에 사망한 경우에는 피대습자를 거쳐 피상속인의 재산을 본위상속을 하므로 두 경우 모두 상속을 하는데, 만일 피대습자가 피상속인의 사망, 즉 상속개시와 동시에 사망한 것으로 추정되는 경우에만 그 직계비속 또는 배우자가 본위상속과 대습상속의 어느 쪽도 하지 못하게 된다면 동시사망 추정 이외의 경우에 비하여 현저히 불공평하고 불합리한 것이라 할 것이고, 이는 앞서 본 대습상속 제도 및 동시사망 추정규정의 입법 취지에도 반하는 것이므로, 민법 제1001조의 '상속인이 될 직계비속이 상속개시 전에 사망한 경우'에는 '상속인이 될 직계비속이 상속개시와 동시에 사망한 것으로 추정되는 경우'도 포함하는 것으로 합목적적으로 해석함이 상당하다.

피상속인의 자녀가 상속개시 전에 전부 사망한 경우 피상속인의 손자녀는 본위상속이 아니라 대습상속을 한다(대법원 2001.3.9. 선고 99다13157 판결).

IV. 상속의 효력

1. 상속분

(1) 상속분의 의미

상속분이란 공동상속인들이 상속재산에 대하여 갖는 권리와 의무의 비율을 의미한다. 공동상속인들은 상속이 개시된 때로부터 피상속인의 재산에 관한 포괄적인 권리와 의무를 승계한다.

(2) 상속분의 유형

(가) **지정상속분**(유언에 의한 상속분)

상속인에게 피상속인의 유언에 의한 지정이 있는 경우 유언에 의해 결정되는 상속분을 의미한다. 유언은 상속인뿐만 아니라 제3자나 법인에게도 할 수 있다.

따라서 이러한 유언에 의한 재산권 이전이 상속인들의 유류분을 침해할 경우 유류분 반환청구권을 행사하게 되면 유언내용이 제한을 받게 된다.

(나) **법정상속분**(법률의 규정에 의한 상속분)

상속인에게 피상속인의 유언에 의한 지정이 없는 경우 법률의 규정에 의해 결정되는 상속분을 의미한다.

같은 순위의 상속인이 여러 명일 때에는 그 상속분은 균분으로 한다. 직계비속의 경우 남자와 여자, 기혼과 미혼, 적자와 서자를 불문하고 동등하게 대우한다.

피상속인의 배우자의 상속분은 직계비속과 공동으로 상속하는 때에는 직계비속 상속분의 5할을 가산하고, 직계존속과 공동으로 상속하는 때에는 직계존속 상속분의 5할을 가산한다.

(3) 특별수익자의 상속분

공동상속인 중에서 피상속인으로부터 재산의 증여 또는 유증을 받은 자가 있는 경우에 그 받은 재산이 자기의 상속분보다 부족한 때에는 그 부족한 부분의 한도에서 상속분을 주장할 수 있다(민법 제1008조).

(4) 특별기여자의 상속분(기여분)

(가) 공동상속인 중에서 상당한 기간 동거 · 간호 그 밖의 방법으로 피상속인을

특별히 부양하거나 피상속인의 재산의 유지 또는 증가에 특별히 기여한 자가 있을 경우에 기여자 상속분에 기여분을 가산하여 상속분으로 한다.

(나) 기여분의 산정은 공동상속인의 협의로 정하며, 협의가 되지 아니하거나 협의할 수 없는 때에는 가정법원에 청구하면 가정법원이 이를 정한다(민법 제1008조의 2).

2. 상속재산의 분할

(1) 상속재산 분할의 의의

상속재산의 분할은 상속개시로 인한 공동상속인 사이의 상속재산의 공유상태를 각자의 상속분에 따라 분배하여 귀속시키는 절차를 의미한다.

(2) 상속재산 분할의 방법

(가) 유언에 의한 분할(민법 제1012조)

피상속인은 유언으로 상속재산의 분할방법을 정하거나 이를 정하도록 제3자에게 위탁할 수 있다. 상속개시의 날로부터 5년을 초과하지 아니하는 기간 범위 내에서 그 분할을 금지하는 유언을 할 수 있다.

(나) 협의에 의한 분할(민법 제1013조 제1항)

유언에 의한 분할지정이 없거나 유언이 무효가 된 경우 공동상속인은 언제든지 협의에 의하여 상속재산을 분할할 수 있다. 분할하는 방법은 현물분할, 대금분할 등이 있다.

(다) 조정 또는 심판에 의한 분할

공동상속인 사이에서 협의분할이 성립되지 아니한 때에는 가정법원에 분할을 청구할 수 있다. 먼저 조정을 신청하고 조정이 성립되지 않으면 심판을 청구할 수 있다.

(3) 상속재산 분할의 효과

상속재산의 분할은 상속개시 된 때에 소급하여 효력이 있으며, 이 경우 이미 제3자가 취득한 권리는 침해하지 못한다.

상속개시 후의 인지 또는 재판의 확정에 의하여 공동상속인이 된 자가 상속재산의 분할을 청구할 경우에 다른 공동상속인이 이미 분할 기타 처분을 한 때에는 다시 분할을 요구하지 못하고 그 상속분에 상당한 가액의 지급을 청구할 수 있다 (민법 제1013조, 제1014조).

> **관련판례**
>
> **상속재산의 협의분할에 공동상속인 전원이 참여하여야 하며, 순차적으로 이루어진 상속재산 협의분할도 유효하다는 판례**
>
> 상속재산의 협의분할은 공동상속인 간의 일종의 계약으로서 공동상속인 전원이 참여하여야 하고 일부 상속인만으로 한 협의분할은 무효라고 할 것이나, 반드시 한 자리에서 이루어질 필요는 없고 순차적으로 이루어질 수도 있으며, 상속인 중 한 사람이 만든 분할 원안을 다른 상속인이 후에 돌아가며 승인하여도 무방하다(대법원 2010.2.25. 선고 2008다96963 , 96970 판결).

V. 상속의 승인과 포기

1. 상속의 승인과 포기의 의의

(1) 상속의 승인이란 상속개시에 의해 피상속인의 재산상의 권리와 의무가 포괄적으로 상속인에게 귀속하는 것을 인정하는 행위이다.

상속의 승인에는 단순승인과 한정승인이 있다.

(2) 상속의 포기란 상속의 효과를 상속개시 된 때로 소급하여 상속의 효력을 소멸시키는 행위이다.

(3) 상속의 승인과 포기는 상속개시 전에는 할 수 없으며, 가정법원에 대한 신고를 통해 하여야 한다.

2. 단순승인(單純承認)

(1) 단순승인은 상속인이 피상속인의 권리와 의무를 제한 없이 또는 조건 없이 승계하는 상속형태를 의미한다. 피상속인의 채무를 무제한으로 책임지게 된다.

(2) 단순승인은 가정법원에 신고하지 않아도 인정되며, 일정한 사유가 인정되면 법률의 규정에 의해 단순승인을 한 것으로 본다.

(3) 법정단순승인 사유(민법 제1026조)는 다음과 같다.

(가) 상속인이 상속재산에 대한 처분행위를 한 때

(나) 상속인이 일정한 기간 내에 한정승인 또는 포기를 하지 아니한 때

(다) 상속인이 한정승인 또는 포기를 한 후에 상속재산을 은닉하거나 부정소비하거나, 고의로 재산목록에 기입하지 아니한 때

3. 한정승인(限定承認)

(1) 한정승인은 상속인이 상속으로 인하여 취득할 재산의 범위 내에서 피상속인의 채무와 유증을 변제할 조건으로 상속을 승인하는 상속형태를 의미한다(민법 제1028조).

(2) 상속개시 있음을 안 날로부터 3월 내에 한정승인을 할 수 있고, 상속인이 상속채무가 상속재산을 초과하는 사실을 중대한 과실 없이 이 기간 내에 알지 못한 경우에는 그 사실을 안 날로부터 3월 내에 한정승인을 할 수 있다.

(3) 한정승인의 방식은 상속재산의 목록을 첨부하여 가정법원에 신고를 하여야 한다

(4) 상속인이 한정승인을 한 때에는 피상속인에 대한 채무와 유증의 변제책임이 일정 한도 내로 제한을 받는 것이다. 따라서 재산상의 권리와 의무가 소멸하는 것은 아니다(민법 제1031조).

4. 상속의 포기(相續의 拋棄)

(1) 상속인이 상속으로 인해 생기는 포괄적인 권리와 의무를 부인하는 형태를 의미한다.

(2) 상속개시 있음을 안 날로부터 3월 내에 상속포기를 할 수 있고 방식은 가정법원에 신고를 하여야 한다.

(3) 상속의 포기는 상속 개시된 때에 소급하여 그 효력이 있다(민법 제1042조).

(4) 상속인이 여러 명인 경우에 어느 상속인이 상속을 포기한 때에는 그 상속분은 다른 상속인의 상속분의 비율로 그 상속인에게 귀속된다.

어느 특정상속인을 위한 상속의 포기는 허용되지 아니하므로 이러한 경우는

특정상속인에게 상속분의 양도를 하면 된다.

관련판례

1. 상속재산 협의분할을 통해 이미 상속재산을 처분한 상속인이 민법 제1019조 제3항에 의하여 한정승인을 할 수 있다는 판례

민법 제1019조 제3항은 상속채무 초과사실을 중대한 과실 없이 민법 제1019조 제1항의 기간 내에 알지 못하고 단순승인을 한 경우뿐만 아니라 민법 제1026조 제1호 및 제2호의 규정에 의하여 단순승인을 한 것으로 간주되는 경우에도 상속채무 초과사실을 안 날로부터 3월 내에 한정승인을 할 수 있다고 규정하고 있으므로, 설사 상속인들이 상속재산 협의분할을 통해 이미 상속재산을 처분한 바 있다고 하더라도 상속인들은 여전히 민법 제1019조 제3항의 규정에 의하여 한정승인을 할 수 있다고 할 것이고, 따라서 위 협의분할 때문에 이 사건 심판이 한정승인으로서 효력이 없다고 할 수는 없다(대법원 2006.1.26. 선고 2003다29562 판결).

2. 민법 제1026조 제3호에서 말하는 '상속재산의 은닉'과 '부정소비'의 의미와 '고의로 재산목록에 기입하지 아니한 때'의 의미에 관한 판례

법정단순승인에 관한 민법 제1026조 제3호의 '상속재산의 은닉'이라 함은 상속재산의 존재를 쉽게 알 수 없게 만드는 것을 뜻하고, '상속재산의 부정소비'라 함은 정당한 사유 없이 상속재산을 써서 없앰으로써 그 재산적 가치를 상실시키는 것을 의미한다.

법정단순승인에 관한 민법 제1026조 제3호의 '고의로 재산목록에 기입하지 아니한 때'라 함은 한정승인을 함에 있어 상속재산을 은닉하여 상속채권자를 사해할 의사로써 상속재산을 재산목록에 기입하지 않는 것을 뜻한다(대법원 2010.4.29. 선고 2009다84936 판결).

§§관련조문

＊민 법

제997조[상속개시의 원인] 상속은 사망으로 인하여 개시된다.

제998조[상속개시의 장소] 상속은 피상속인의 주소지에서 개시한다.

제999조[상속회복청구권] ① 상속권이 참칭상속권자로 인하여 침해된 때에는 상속권자 또는 그 법정대리인은 상속회복의 소를 제기할 수 있다.

② 제1항의 상속회복청구권은 그 침해를 안 날부터 3년, 상속권의 침해행위가 있

은 날부터 10년을 경과하면 소멸된다.

제1000조[상속의 순위] ① 상속에 있어서는 다음 순위로 상속인이 된다.

1. 피상속인의 직계비속
2. 피상속인의 직계존속
3. 피상속인의 형제자매
4. 피상속인의 4촌 이내의 방계혈족

② 전항의 경우에 동순위의 상속인이 수인인 때에는 최근친을 선순위로 하고 동친등의 상속인이 수인인 때에는 공동상속인이 된다.

③ 태아는 상속순위에 관하여는 이미 출생한 것으로 본다.

제1001조[대습상속] 전조 제1항 제1호와 제3호의 규정에 의하여 상속인이 될 직계비속 또는 형제 자매가 상속개시 전에 사망하거나 결격자가 된 경우에 그 직계비속이 있는 때에는 그 직계비속이 사망하거나 결격된 자의 순위에 가름하여 상속인이 된다.

제1003조[배우자의 상속순위] ① 피상속인의 배우자는 제1000조 제1항 제1호와 제2호의 규정에 의한 상속인이 있는 경우에는 그 상속인과 동순위로 공동상속인이 되고 그 상속인이 없는 때에는 단독상속인이 된다.

② 제1001조의 경우에 상속개시 전에 사망 또는 결격된 자의 배우자는 동조의 규정에 의한 상속인과 동순위로 공동상속인이 되고 그 상속인이 없는 때에는 단독상속인 이 된다.

제1004조[상속인의 결격사유] 다음 각 호의 어느 하나에 해당한 자는 상속인이 되지 못한다.

1. 고의로 직계존속, 피상속인, 그 배우자 또는 상속의 선순위나 동순위에 있는 자를 살해하거나 살해하려 한 자
2. 고의로 직계존속, 피상속인과 그 배우자에게 상해를 가하여 사망에 이르게 한 자
3. 사기 또는 강박으로 피상속인의 상속에 관한 유언 또는 유언의 철회를 방해한 자
4. 사기 또는 강박으로 피상속인의 상속에 관한 유언을 하게 한 자
5. 피상속인의 상속에 관한 유언서를 위조·변조·파기 또는 은닉한 자

제1005조[상속과 포괄적 권리의무의 승계] 상속인은 상속개시 된 때로부터 피상속인의 재산에 관한 포괄적 권리의무를 승계한다. 그러나 피상속인의 일신에 전속한 것은 그러하지 아니하다.

제1006조[공동상속과 재산의 공유] 상속인이 수인인 때에는 상속재산은 그 공유로 한다.

제1007조[공동상속인의 권리의무 승계] 공동상속인은 각자의 상속분에 응하여

피상속인의 권리의무를 승계한다.

제1008조[특별수익자의 상속분] 공동상속인중에 피상속인으로부터 재산의 증여 또는 유증을 받은 자가 있는 경우에 그 수증재산이 자기의 상속분에 달하지 못한 때에는 그 부족한 부분의 한도에서 상속분이 있다.

제1008조의2[기여분] ① 공동상속인중에 상당한 기간 동거·간호 그 밖의 방법으로 피상속인을 특별히 부양하거나 피상속인의 재산의 유지 또는 증가에 특별히 기여한 자가 있을 때에는 상속개시 당시의 피상속인의 재산가액에서 공동상속인의 협의로 정한 그 자의 기여분을 공제한 것을 상속재산으로 보고 제1009조 및 제1010조에 의하여 산정한 상속분에 기여분을 가산한 액으로써 그 자의 상속분으로 한다.

② 제1항의 협의가 되지 아니하거나 협의할 수 없는 때에는 가정법원은 제1항에 규정된 기여자의 청구에 의하여 기여의 시기·방법 및 정도와 상속재산의 액 기타의 사정을 참작하여 기여분을 정한다.

③ 기여분은 상속이 개시된 때의 피상속인의 재산가액에서 유증의 가액을 공제한 액을 넘지 못한다.

④ 제2항의 규정에 의한 청구는 제1013조 제2항의 규정에 의한 청구가 있을 경우 또는 제1014조에 규정하는 경우에 할 수 있다.

제1008조의3[분묘등의 승계] 분묘에 속한 1정보 이내의 금양임야와 600평이내의 묘토인 농지, 족보와 제구의 소유권은 제사를 주재하는 자가 이를 승계한다.

제1009조[법정상속분] ① 동순위의 상속인이 수인인 때에는 그 상속분은 균분으로 한다.

② 피상속인의 배우자의 상속분은 직계비속과 공동으로 상속하는 때에는 직계비속의 상속분의 5할을 가산하고, 직계존속과 공동으로 상속하는 때에는 직계존속의 상속분 의 5할을 가산한다.

제1010조[대습상속분] ① 제1001조의 규정에 의하여 사망 또는 결격된 자에 갈음하여 상속인이 된 자의 상속분은 사망 또는 결격된 자의 상속분에 의한다.

② 전항의 경우에 사망 또는 결격된 자의 직계비속이 수인인 때에는 그 상속분은 사망 또는 결격된 자의 상속분의 한도에서 제1009조의 규정에 의하여 이를 정한다. 제1003조 제2항의 경우에도 또한 같다.

제1011조[공동상속분의 양수] ① 공동상속인 중에 그 상속분을 제3자에게 양도한 자가 있는 때에는 다른 공동상속 인은 그 가액과 양도비용을 상환하고 그 상속분을 양수할 수 있다.

② 전항의 권리는 그 사유를 안 날로부터 3월, 그 사유 있은 날로부터 1년 내에 행사하여야 한다.

제1012조[유언에 의한 분할방법의 지정, 분할금지] 피상속인은 유언으로 상속재

산의 분할방법을 정하거나 이를 정할 것을 제3자에게 위탁할 수 있고 상속개시의 날로부터 5년을 초과하지 아니하는 기간내의 그 분할을 금지할 수 있다.

제1013조[협의에 의한 분할] ① 전조의 경우 외에는 공동상속인은 언제든지 그 협의에 의하여 상속재산을 분할할 수 있다.

② 제269조의 규정은 전항의 상속재산의 분할에 준용한다.

제1014조[분할후의 피인지자 등의 청구권] 상속개시후의 인지 또는 재판의 확정에 의하여 공동상속인이 된 자가 상속재산의 분할을 청구할 경우에 다른 공동상속인이 이미 분할 기타 처분을 한 때에는 그 상속 분에 상당한 가액의 지급을 청구할 권리가 있다.

제1015조[분할의 소급효] 상속재산의 분할은 상속개시 된 때에 소급하여 그 효력이 있다. 그러나 제3자의 권리 를 해하지 못한다.

제1019조[승인, 포기의 기간] ① 상속인은 상속개시 있음을 안 날로부터 3월내에 단순승인이나 한정승인 또는 포기를 할 수 있다. 그러나 그 기간은 이해관계인 또는 검사의 청구에 의하여 가정법원이 이를 연장할 수 있다.

② 상속인은 제1항의 승인 또는 포기를 하기 전에 상속재산을 조사할 수 있다.

③ 제1항의 규정에 불구하고 상속인은 상속채무가 상속재산을 초과하는 사실을 중대한 과실 없이 제1항의 기간 내에 알지 못하고 단순승인(제1026조 제1호 및 제2호의 규정에 의하여 단순승인한 것으로 보는 경우를 포함한다)을 한 경우에는 그 사실을 안 날부터 3월내에 한정승인을 할 수 있다.

제1020조[무능력자의 승인, 포기의 기간] 상속인이 무능력자인 때에는 전조 제1항의 기간은 그 법정대리인이 상속개시 있음을 안 날로부터 기산한다.

제1021조[승인, 포기기간의 계산에 관한 특칙] 상속인이 승인이나 포기를 하지 아니하고 제1019조 제1항의 기간 내에 사망한 때에 는 그의 상속인이 그 자기의 상속개시 있음을 안 날로부터 제1019조 제1항의 기간을 기산한다.

제1022조[상속재산의 관리] 상속인은 그 고유재산에 대하는 것과 동일한 주의로 상속재산을 관리하여야 한다. 그러나 단순승인 또는 포기한 때에는 그러하지 아니하다.

제1024조[승인, 포기의 취소금지] ① 상속의 승인이나 포기는 제1019조 제1항의 기간 내에도 이를 취소하지 못한다.

② 전항의 규정은 총칙편의 규정에 의한 취소에 영향을 미치지 아니한다. 그러나 그 취소권은 추인할 수 있는 날로부터 3월, 승인 또는 포기한 날로부터 1년 내에 행사 하지 아니하면 시효로 인하여 소멸된다.

제1025조[단순승인의 효과] 상속인이 단순승인을 한 때에는 제한 없이 피상속인의 권리의무를 승계한다.

제1026조[법정단순승인] 다음 각호의 사유가 있는 경우에는 상속인이 단순승인

을 한 것으로 본다.

1. 상속인이 상속재산에 대한 처분행위를 한 때
2. 상속인이 제1019조 제1항의 기간 내에 한정승인 또는 포기를 하지 아니한 때
3. 상속인이 한정승인 또는 포기를 한 후에 상속재산을 은닉하거나 부정소비 하거나 고의로 재산목록에 기입하지 아니한 때

제1027조[법정단순승인의 예외] 상속인이 상속을 포기함으로 인하여 차순위 상속인이 상속을 승인한 때에는 전조 제3호의 사유는 상속의 승인으로 보지 아니한다.

제1028조[한정승인의 효과] 상속인은 상속으로 인하여 취득할 재산의 한도에서 피상속인의 채무와 유증을 변제할 것을 조건으로 상속을 승인할 수 있다.

제1029조[공동상속인의 한정승인] 상속인이 수인인 때에는 각상속인은 그 상속분에 응하여 취득할 재산의 한도에서 그 상속분에 의한 피상속인의 채무와 유증을 변제할 것을 조건으로 상속을 승인할 수 있다.

제1030조[한정승인의 방식] ① 상속인이 한정승인을 함에는 제1019조 제1항 또는 제3항의 기간 내에 상속 재산의 목록을 첨부하여 법원에 한정승인의 신고를 하여야 한다.

② 제1019조 제3항의 규정에 의하여 한정승인을 한 경우 상속재산 중 이미 처분한 재산이 있는 때에는 그 목록과 가액을 함께 제출하여야 한다.

제1031조[한정승인과 재산상 권리의무의 불소멸] 상속인이 한정승인을 한 때에는 피상속인에 대한 상속인의 재산상 권리의무는 소멸하지 아니한다.

제1041조[포기의 방식] 상속인이 상속을 포기할 때에는 제1019조 제1항의 기간 내에 가정법원에 포기의 신고를 하여야 한다.

제1042조[포기의 소급효] 상속의 포기는 상속개시 된 때에 소급하여 그 효력이 있다.

제1043조[포기한 상속재산의 귀속] 상속인이 수인인 경우에 어느 상속인이 상속을 포기한 때에는 그 상속분은 다른 상속인의 상속분의 비율로 그 상속인에게 귀속된다.

제1044조[포기한 상속재산의 관리 계속 의무] ① 상속을 포기한 자는 그 포기로 인하여 상속인이 된 자가 상속재산을 관리할 수 있을 때까지 그 재산의 관리를 계속하여야 한다.

② 제1022조와 제1023조의 규정은 전항의 재산관리에 준용한다.

제1057조의2[특별연고자에 대한 분여] ① 제1057조의 기간 내에 상속권을 주장하는 자가 없는 때에는 가정법원은 피상속인 과 생계를 같이 하고 있던 자, 피상속인의 요양간호를 한 자 기타 피상속인과 특별한 연고가 있던 자의 청구에 의하여 상속재산의 전부 또는 일부를 분여할 수 있다.

② 제1항의 청구는 제1057조의 기간의 만료 후 2월 이내에 하여야 한다.
제1058조[상속재산의 국가귀속] ① 제1057조의2의 규정에 의하여 분여되지 아니한 때에는 상속재산은 국가에 귀속 한다.
② 제1055조 제2항의 규정은 제1항의 경우에 준용한다.

사례문답

1 상속받은 재산보다 부채가 더 많은 경우는 어떻게 하는가?

【질 문】

A남의 부친 갑은 백화점을 경영하다 사망하였다. A남은 평소 부친 갑의 재산상태에 대해 잘 모르고 있었는데 상속 개시 후에 엄청난 채무가 있다는 사실을 알게 되었다.

1. A남은 부친이 남긴 재산으로 채무를 모두 갚을 수 없다면 어떤 방법을 취해야 보호를 받을 수 있을까?
2. A남이 채무관계를 파악하기도 전에 부친이 남긴 상속재산을 처분하거나 소비했다면 어떻게 되는가?
3. 갑의 채무에 대해 연대보증인이 된 갑의 친구 을은 어떤 책임을 지는가?

【해 설】

1. 상속채무가 상속재산보다 많을 경우 상속인들이 보호받을 수 있는 방법으로 두 가지 방법이 있다.

첫째는 한정승인을 하면 된다.

한정승인이란 상속인이 상속으로 인하여 취득할 재산의 한도에서 피상속인의 채무와 유증(유언에 의한 상속이나 기부행위)을 변제할 것을 조건으로 하는 상속승인 형태이다(민법 제1028조).

한정승인의 방식은 상속개시 있음을 안 날로부터 3월 내에 상속재산의 목록을 첨부하여 법원에 한정승인 신고를 하여야 한다(민법 제1030조 제1항). 한편 상속채무가 상속재산을 초과하는 사실을 중대한 과실 없이 알지 못한 경우에는 그 사실을 안 날로부터 3월 내에 한정승인을 허용하고 있다(민법 제1019조 제3항).

둘째는 상속의 포기를 하는 방법이 있다.

상속의 포기란 상속으로 인한 상속의 효력을 처음부터 부인하는 형태이다.

상속포기의 방식은 상속개시 후에 하여야 하며, 상속개시 있음을 안 날로부터 3월 내에 가정법원에 포기의 신고를 하여야 한다(민법 제1041조). 상속을 포기하면 상속개시된 때로 소급하여 효력이 생기며, 상속인이 여러 명인 경우 어느 상속인이 상속포기를 하면 그 상속분은 다른 상속인들에게 상속분의 비율로 귀속하게 된다.

한정승인은 상속재산의 규모 파악이 어려울 경우 유용하며, 상속재산 처분 후에도 가능하다는 점이 장점이다.

2. 상속인이 상속재산에 대한 처분행위를 하면 제한없이 피상속인의 권리와 의무를 승계하는 법정단순승인이 된다(민법 제1026조).

그러므로 이러한 경우는 한정승인의 방법으로 대처하는 것이 허용될 수 있다. 즉 상속재산 중 이미 처분한 재산이 있는 때에는 그 목록과 가액을 함께 제출해야 한다(제1030조 제2항).

3. 연대보증인이란 주채무에 대하여 주채무자와 함께 연대하여 채권자에게 채무를 부담하는 종된 채무자이다.

상속인들이 상속의 한정승인이나 포기를 하게 되면 남게 되는 부채에 있어서는 모두 연대보증인 을이 책임을 지게 된다.

2 계모의 재산을 상속받을 수 있는가?

【질 문】

A의 아버지 갑남은 을녀와 재혼하였다. 그 후 아버지 갑남이 사망을 하였고 A는 10여년 이상을 계모인 을녀의 노후를 위해 봉양하며 요양·간호하였으나 결국 계모 을녀는 질병으로 사망하였다. 계모 을녀에게는 10억 원 상당의 재산이 있다고 한다.

1. A는 계모의 재산을 상속받을 수 있는가?
2. 계모에게는 지금 친인척도 없어 상속받을 사람이 없다면 A는 어떤 방법을 취할 수 있는가?

【해 설】

1. 계모자관계는 민법 개정 전에는 법정혈족관계로 상속이 이루어졌으나 현행 민법에서는 인척관계이므로 상속을 받을 수 없다. 다만, 계모가 유언을 하면 유증을 받을 수 있다.

2. 특별연고자로서 그 재산의 분여(分與)를 청구할 수 있다. 민법은 일정한 기간 내에 상속권을 주장하는 자가 없는 때에는 가정법원은 피상속인과 생계를 같이 하고 있던 자, 피상속인의 요양·간호를 한 자, 기타 피상속인과 특별한 연고가 있던 자의 청구에 의하여 상속재산의 전부 또는 일부를 분여할 수 있도록 하고 있다(민법 제1057조의 2).

특별연고관계란 사실혼의 배우자, 계모자, 계부자 등 가족적으로 생계를 같이 하고 있던 자를 의미한다.

따라서 계모 을녀에게 상속인을 찾았지만 없다면 A는 특별연고자로서 분여 신청을 할 수 있고, 가정법원은 이에 대해 상속재산의 규모, A의 봉양해 온 기간 등의 여러 사정을 고려하여 상속재산의 전부 또는 일부를 나누어 주고 남는 재산은 국가에 귀속된다(민법 제1058조).

Chapter

유 언 4

Ⅰ. 유언의 의의 및 성질

Ⅱ. 유언사항

Ⅲ. 유언능력

Ⅳ. 유언의 방식

Ⅴ. 유언의 효력

◈ 사례문답: 자필증서에 의한 유언의 유효한 방식

당신이 어디에 서 있건 지금이 바로 시작할 때다.
오늘 당신이 기울이는 노력이 분명 세상을 바꿀 것이다. - 앤드류 매튜스

제4장

유 언

Ⅰ. 유언의 의의 및 성질

유언은 유언자의 사망과 동시에 일정한 법률효과를 발생시키는 것을 목적으로, 일정한 방식에 따라서 하는 상대방 없는 단독행위이다. 따라서 유언에 의해 재산권 이전이 이루어질 때 상대방의 승낙을 요하지 않는다.

그리고 일정한 방식에 의해 이루어지는 요식행위이므로 이에 위반하는 유언은 무효이다. 유언은 사후행위이므로, 따라서 유언자의 사망으로 효력이 발생한다.

유언은 유언자 자신이 하는 것이므로 대리가 허용되지 않는다. 유언은 그 효력이 발생하기까지는 언제든지 철회할 수 있다(민법 제1108조~1111조).

Ⅱ. 유언사항

유언사항은 법률로 정하여져 있으며 이러한 내용에 대하여 유언을 한 경우에만 법적으로 효력이 생긴다. 따라서 법적으로는 유언자가 운명하면서 남기는 당부의 말이 모두 유언으로 인정되는 것이 아니다.

민법은 다음 사항들을 유언사항으로 규정하고 있다.

1. 재단법인의 설립(민법 제47조 제2항)
2. 친생부인(親生否認)(민법 제850조)
3. 인지(認知)(민법 제859조 제2항)
4. 미성년후견인 지정(민법 제931조)

5. 상속재산분할방법의 지정 또는 위탁(민법 제1012조 전단)
6. 상속재산분할금지(민법 제1012조 후단)
7. 유언집행자의 지정 또는 위탁(민법 제1093조)
8. 유증(遺贈)(민법 제1074조 이하)

관련판례

유언사항이 아닌 것을 유언이라고 시인하여도 유언이 될 수 없다는 판례

법률상 유언이 아닌 것을 유언이라고 시인하였다 하여 그것이 곧 유언이 될 수 없고 이와 같은 진술은 민사소송법상의 자백이 될 수가 없다(대법원 2001.9.14. 선고 2000다66430, 66447 판결).

Ⅲ. 유언능력

유언도 의사표시이기 때문에 의사능력이 있어야 한다. 제한능력자라 할지라도 일정한 연령에 달하고, 의사능력이 있으면 그 유언은 유효하다. 따라서 미성년자는 만17세 이상이면 유언할 수 있다. 다만 피성년후견인에 대해서는 의사가 심신회복 상태를 유언서에 부기하고 서명·날인하여야 한다(민법 제1063조).

Ⅳ. 유언의 방식

유언자가 사망한 후 유언장의 위조 또는 내용 변경 등의 경우를 방지하기 위하여 유언은 민법에 정하는 방식에 따라서 하지 않으면 그 효력이 없다(민법 제1060조).

민법이 정하는 유언방식으로서는 자필증서·녹음·공정증서·비밀증서·구수증서의 5종류 방식이 있다(민법 제1065조). 즉, 유언은 이들 5종류의 방식 중 어느 하나를 택해서 이루어져야 유효한 유언이 된다.

1. 자필증서에 의한 유언

자필증서에 의한 유언이란 유언자가 유언서의 전문(全文)과 그 작성의 연월일, 그리고 주소·성명을 자서(自書)하고 날인함으로써 성립하는 유언이다(민법 제1066조 제1항). 자필증서에 삽입, 삭제, 변경을 할 수 있으나, 이를 하려면 유언자가 자서하고 날인하여야 한다(민법 제1066조 제2항). 이 자필증서에 의한 유언은 가장 간단하면서도 또한 가장 비밀로 할 수 있는 방식이나, 반면에 분실·은닉·파기 등의 위험이 따른다.

유언서의 전문은 자필로 표시한 의사가 정확하게 나타나 있어야 한다. 따라서 타자기나 컴퓨터를 사용하면 자필증서가 되지 않는다. 작성의 연월일이 없는 유언서는 무효이다. 날인은 반드시 도장을 찍어야 하는 것은 아니다. 예컨대 무인(손도장)이나 서명도 허용된다.

관련판례

1. 자필증서에 의한 유언의 요건 및 유언자의 주소를 유언 전문이 담긴 봉투에 기재하고 무인의 방법으로 날인한 것도 유효하며, 자필유언증서의 문자 수정 방식 및 명백한 오기를 정정하면서 위 방식을 위배한 것도 유효하다는 판례

2. 적법한 유언은 민법 제1091조, 제1092조 소정의 검인·개봉절차를 거치지 아니하여도 유언증서의 효력이 유효하다는 판례

민법 제1066조에서 규정하는 자필증서에 의한 유언은 유언자가 그 전문과 연월일, 주소 및 성명을 자서하는 것이 절대적 요건이므로 전자복사기를 이용하여 작성한 복사본은 이에 해당하지 아니하나, 주소를 쓴 자리가 반드시 유언 전문 및 성명이 기재된 지면 이어야 하는 것은 아니고 유언서의 일부로 볼 수 있는 이상 그 전문을 담은 봉투에 기재하더라도 무방하며, 날인은 인장 대신에 무인에 의한 경우에도 유효하다.

자필증서에 의한 유언에 있어서 그 증서에 문자의 삽입, 삭제 또는 변경을 함에는 민법 제1066조 제2항의 규정에 따라 유언자가 이를 자서하고 날인하여야 하나, 자필증서 중 증서의 기재 자체에 의하더라도 명백한 오기를 정정한 것이라면 설령 그 수정 방식이 위 법 조항에 위배된다고 할지라도 유언자의 의사를 용이하게 확인할 수 있으므로 이러한 방식의 위배는 유언의 효력에 영향을 미치지 아니한다.

민법 제1091조에서 규정하고 있는 유언증서에 대한 법원의 검인은 유언증서의 형식·태양 등 유언의 방식에 관한 모든 사실을 조사·확인하고 그 위조·변조를 방지하며, 또한 보존을 확실히 하기 위한 일종의 검증절차 내지는 증거보전절차로서, 유언이 유언자의 진의에 의한 것인지 여부나 적법한지 여부를 심사하는 것이 아님은 물론 직접 유언의 유효 여부를 판단하는 심판이 아니고, 또한 민법 제1092조에서 규정하는 유언증서의 개봉절차는 봉인된 유언증서의 검인에는 반드시 개봉이 필요하므로 그에 관한 절차를 규정한 데에 지나지 아니하므로, 적법한 유언은 이러한 검인이나 개봉절차를 거치지 않더라도 유언자의 사망에 의하여 곧바로 그 효력이 생기는 것이며, 검인이나 개봉절차의 유무에 의하여 유언의 효력이 영향을 받지 아니한다(대법원 1998.6.12. 선고 97다38510 판결).

3. 유언자의 진정한 의사에 합치하나 민법 제1065조 내지 민법 제1070조에 정한 요건과 방식에 어긋난 유언과 연월만 기재하고 일의 기재가 없는 자필유언증서의 효력은 무효라는 판례

민법 제1065조 내지 제1070조가 유언의 방식을 엄격하게 규정한 것은 유언자의 진의를 명확히 하고 그로 인한 법적 분쟁과 혼란을 예방하기 위한 것이므로, 법정된 요건과 방식에 어긋난 유언은 그것이 유언자의 진정한 의사에 합치하더라도 무효라고 하지 않을 수 없다.

민법 제1066조 제1항은 "자필증서에 의한 유언은 유언자가 그 전문과 연월일, 주소, 성명을 자서하고 날인하여야 한다"고 규정하고 있으므로, 연월일의 기재가 없는 자필유언증서는 효력이 없다. 그리고 자필유언증서의 연월일은 이를 작성한 날로서 유언능력의 유무를 판단하거나 다른 유언증서와 사이에 유언 성립의 선후를 결정하는 기준일이 되므로 그 작성일을 특정할 수 있게 기재하여야 한다. 따라서 연·월만 기재하고 일의 기재가 없는 자필유언증서는 그 작성일을 특정할 수 없으므로 효력이 없다(대법원 2009.5.14. 선고 2009다9768 판결).

2. 녹음에 의한 유언

녹음에 의한 유언이란 유언자가 유언의 취지·그 성명과 연월일을 구술·녹음하고, 이에 참여한 증인이 유언의 정확함과 그 성명을 구술·녹음함으로써 성립하는 유언이다(민법 제1067조).

자필증서에 의한 유언보다도 더 간편하고, 필기에 곤란함이 있는 자도 이용할 수 있다. 과학의 발달로 동영상 촬영 등 각종의 녹음방법이 이용될 수 있다.

3. 공정증서에 의한 유언

공정증서에 의한 유언은 증인 2인의 참여 하에 유언자가 공증인의 면전에서 유언의 취지를 구수(口授)하고, 공증인이 이를 필기 낭독하여 유언자와 증인이 그 정확함을 승인한 후 각자 서명 또는 기명날인하고(민법 제1068조) 공증인이 서명날인하는 방식의 유언이다.

이 유언은 분실 · 멸실 · 변조 등의 위험이 없으나 비밀을 확보하기 어렵다.

4. 비밀증서에 의한 유언

비밀증서에 의한 유언은 먼저 유언자가 유언서에 성명을 기입한 후, 그 증서를 엄봉(嚴封)해서 봉인하고 이를 2인 이상의 증인의 면전에 제출하여 자기의 유언서임을 표시한 다음, 그 봉서의 표면에 제출 연월일을 적고 유언자와 증인이 각각 서명 또는 기명날인 하여야 한다(민법 제1069조 제1항). 이 유언봉서는 그 표면에 기재된 날로부터 5일 이내에 공증인 또는 법원서기에게 제출하여 그 봉인 위에 확정일자를 받아야 한다(민법 제1069조 제2항).

비밀증서에 의한 유언이 그 방식에 흠결이 있는 경우에 그 무효인 비밀증서가 자필증서의 방식을 갖추고 있는 때에는 자필증서에 의한 유언으로 본다(민법 제1071조).

5. 구수증서에 의한 유언

구수증서에 의한 유언이란 유언자가 질병 기타 급박한 사정으로 위의 4종류 유언 방식에 의할 수 없는 때에 할 수 있는 유언방식이다. 유언자가 2인 이상의 증인이 참여한 가운데서 그 1인에게 유언의 취지를 구수하고, 구수를 받은 자가 이를 필기 · 낭독하여 유언자와 증인이 정확함을 승인한 후, 각자 서명 또는 기명날인 하여야 한다(민법 제1070조 제1항).

이 유언은 그 작성에 참여한 증인이나 이해관계인이 급박한 사유가 종료한 날로부터 7일 이내에 법원에 그 검인을 신청하여야 한다(민법 제1070조 제2항).

〈유언의 방식〉

유언방식	증 인	검 인 절 차
자필증서	요하지 아니함	필요함
녹음증서	1인	필요함
공정증서	2인	필요 없음
비밀증서	2인 이상	확정일자인(5일 내), 검인 필요
구수증서	2인 이상(구수)	법원에 검인신청(7일 내에 신청), 개봉 시 별도의 검인 불요

(출처: 이준현, 채권법 · 친족상속법)

Ⅴ. 유언의 효력

1. 유언의 효력 발생

유언은 원칙적으로 유언자가 사망한 때로부터 그 효력이 생긴다. 유언에 정지조건이 있는 경우에 그 조건이 유언자의 사망 후에 성취한 때에는 그 조건 성취한 때로부터 유언의 효력이 생긴다(민법 제1073조).

2. 유언의 철회

유언자는 언제든지 유언 또는 생전행위로써 유언의 전부나 일부를 철회할 수 있다. 여러 개의 유언이 내용상 서로 충돌할 경우에는 최근에 한 유언이 유효한 것이다.

유언자는 유언철회권을 보장받아야 하므로 그 포기를 강요하지 못하도록 하고 있다(민법 제1108조).

§§관련조문

※민 법

제1060조[유언의 요식성] 유언은 본법의 정한 방식에 의하지 아니하면 효력이

발생하지 아니한다.

제1061조[유언적령] 만17세에 달하지 못한 자는 유언을 하지 못한다.

제1062조[무능력자와 유언] 제5조, 제10조와 제13조의 규정은 유언에 관하여는 이를 적용하지 아니한다.

제1063조[피성년후견인의 유언능력] ① 피성년후견인은 그 의사능력이 회복된 때에 한하여 유언을 할 수 있다.

② 전항의 경우에는 의사가 심신회복의 상태를 유언서에 부기하고 서명날인하여야 한다.

제1064조[유언과 태아, 상속결격자] 제1000조 제3항, 제1004조의 규정은 수증자에 준용한다.

제1065조[유언의 보통방식] 유언의 방식은 자필증서, 녹음, 공정증서, 비밀증서와 구수증서의 5종으로 한다.

제1066조[자필증서에 의한 유언] ① 자필증서에 의한 유언은 유언자가 그 전문과 년 월 일, 주소, 성명을 자서하고 날인하여야 한다.

② 전항의 증서에 문자의 삽입, 삭제 또는 변경을 함에는 유언자가 이를 자서하고 날인하여야 한다.

제1067조[녹음에 의한 유언] 녹음에 의한 유언은 유언자가 유언의 취지, 그 성명과 년 월 일을 구술하고 이에 참여한 증인이 유언의 정확함과 그 성명을 구술하여야 한다.

제1068조[공정증서에 의한 유언] 공정증서에 의한 유언은 유언자가 증인 2인이 참여한 공증인의 면전에서 유언의 취지를 구수하고 공증인이 이를 필기 낭독하여 유언자와 증인이 그 정확함을 승인한 후 각자 서명 또는 기명날인 하여야 한다.

제1069조[비밀증서에 의한 유언] ① 비밀증서에 의한 유언은 유언자가 필자의 성명을 기입한 증서를 엄봉 날인하고 이를 2인 이상의 증인의 면전에 제출하여 자기의 유언서임을 표시한 후 그 봉서표면에 제출 년 월 일을 기재하고 유언자와 증인이 각자 서명 또는 기명날인 하여야 한다.

② 전항의 방식에 의한 유언봉서는 그 표면에 기재된 날로부터 5일 내에 공증인 또는 법원서기에게 제출하여 그 봉인상에 확정일자인을 받아야 한다.

제1070조[구수증서에 의한 유언] ① 구수증서에 의한 유언은 질병 기타 급박한 사유로 인하여 전4조의 방식에 의할 수 없는 경우에 유언자가 2인 이상의 증인의 참여로 그 1인에게 유언의 취지를 구수하고 그 구수를 받은 자가 이를 필기 낭독하여 유언자의 증인이 그 정확함을 승인한 후 각자 서명 또는 기명 날인하여야 한다.

② 전항의 방식에 의한 유언은 그 증인 또는 이해관계인이 급박한 사유의 종료한 날로부터 7일 내에 법원에 그 검인을 신청하여야 한다.

③ 제1063조 제2항의 규정은 구수증서에 의한 유언에 적용하지 아니한다.

제1071조[비밀증서에 의한 유언의 전환] 비밀증서에 의한 유언이 그 방식에 흠결이 있는 경우에 그 증서가 자필증서의 방식에 적합한 때에는 자필증서에 의한 유언으로 본다.

제1072조[증인의 결격사유] ① 다음 각호의 사항에 해당하는 자는 유언에 참여하는 증인이 되지 못한다.

1. 미성년자
2. 피성년후견인와 피한정후견인
3. 유언에 의하여 이익을 받을 자, 그 배우자와 직계혈족

② 공정증서에 의한 유언에는 공증인법에 의한 결격자는 증인이 되지 못한다.

제1073조[유언의 효력발생 시기] ① 유언은 유언자가 사망한 때로부터 그 효력이 생긴다.

② 유언에 정지조건이 있는 경우에 그 조건이 유언자의 사망 후에 성취한 때에는 그 조건성취한 때로부터 유언의 효력이 생긴다.

제1074조[유증의 승인, 포기] ① 유증을 받을 자는 유언자의 사망 후에 언제든지 유증을 승인 또는 포기할 수 있다.

② 전항의 승인이나 포기는 유언자의 사망한 때에 소급하여 그 효력이 있다.

제1075조[유증의 승인, 포기의 취소금지] ① 유증의 승인이나 포기는 취소하지 못한다.

② 제1024조 제2항의 규정은 유증의 승인과 포기에 준용한다.

제1076조[수증자의 상속인의 승인, 포기] 수증자가 승인이나 포기를 하지 아니하고 사망한 때에는 그 상속인은 상속분의 한도에서 승인 또는 포기할 수 있다. 그러나 유언자가 유언으로 다른 의사를 표시한 때에는 그 의사에 의한다.

제1077조[유증의무자의 최고권] ① 유증의무자나 이해관계인은 상당한 기간을 정하여 그 기간 내에 승인 또는 포기를 확답할 것을 수증자 또는 그 상속인에게 최고할 수 있다.

② 전항의 기간 내에 수증자 또는 상속인이 유증의무자에 대하여 최고에 대한 확답을 하지 아니한 때에는 유증을 승인한 것으로 본다.

제1078조[포괄적 수증자의 권리의무] 포괄적 유증을 받은 자는 상속인과 동일한 권리의무가 있다.

제1079조[수증자의 과실취득권] 수증자는 유증의 이행을 청구할 수 있는 때로부터 그 목적물의 과실을 취득한다. 그러나 유언자가 유언으로 다른 의사를 표시한 때에는 그 의사에 의한다.

제1080조[과실수취비용의 상환청구권] 유증의무자가 유언자의 사망 후에 그 목적물의 과실을 수취하기 위하여 필요비를 지출한 때에는 그 과실의 가액의 한도에

서 과실을 취득한 수증자에게 상환을 청구할 수 있다.

제1081조[유증의무자의 비용상환청구권] 유증의무자가 유증자의 사망 후에 그 목적물에 대하여 비용을 지출한 때에는 제325조의 규정을 준용한다.

제1088조[부담 있는 유증과 수증자의 책임] ① 부담 있는 유증을 받은 자는 유증의 목적의 가액을 초과하지 아니한 한도에서 부담한 의무를 이행할 책임이 있다.

② 유증의 목적의 가액이 한정승인 또는 재산분리로 인하여 감소된 때에는 수증자는 그 감소된 한도에서 부담할 의무를 면한다.

제1089조[유증 효력발생 전의 수증자의 사망] ① 유증은 유언자의 사망 전에 수증자가 사망한 때에는 그 효력이 생기지 아니한다.

② 정지조건 있는 유증은 수증자가 그 조건 성취 전에 사망한 때에는 그 효력이 생기지 아니한다.

제1090조[유증의 무효, 실효의 경우와 목적재산의 귀속] 유증이 그 효력이 생기지 아니하거나 수증자가 이를 포기한 때에는 유증의 목적인 재산은 상속인에게 귀속한다. 그러나 유언자가 유언으로 다른 의사를 표시한 때에는 그 의사에 의한다.

제1091조[유언증서, 녹음의 검인] ① 유언의 증서나 녹음을 보관한 자 또는 이를 발견한 자는 유언자의 사망 후 지체없이 법원에 제출하여 그 검인을 청구하여야 한다.

② 전항의 규정은 공정증서나 구수증서에 의한 유언에 적용하지 아니한다.

제1092조[유언증서의 개봉] 법원이 봉인된 유언증서를 개봉할 때에는 유언자의 상속인, 그 대리인 기타 이해관계인 의 참여가 있어야 한다.

제1093조[유언집행자의 지정] 유언자는 유언으로 유언집행자를 지정할 수 있고 그 지정을 제3자에게 위탁할 수 있다.

제1094조[위탁에 의한 유언집행자의 지정] ① 전조의 위탁을 받은 제삼자는 그 위탁 있음을 안 후 지체없이 유언집행자를 지정하여 상속인에게 통지하여야 하며 그 위탁을 사퇴할 때에는 이를 상속인에게 통지하여야 한다.

② 상속인 기타 이해관계인은 상당한 기간을 정하여 그 기간 내에 유언집행자를 지정할 것을 위탁받은 자에게 최고할 수 있다. 그 기간 내에 지정의 통지를 받지 못한 때에는 그 지정의 위탁을 사퇴한 것으로 본다.

제1095조[지정유언집행자가 없는 경우] 전2조의 규정에 의하여 지정된 유언집행자가 없는 때에는 상속인이 유언집행자가 된다.

제1096조[법원에 의한 유언집행자의 선임] ① 유언집행자가 없거나 사망, 결격 기타 사유로 인하여 없게 된 때에는 법원은 이해관계인의 청구에 의하여 유언집행자를 선임하여야 한다.

② 법원이 유언집행자를 선임한 경우에는 그 임무에 관하여 필요한 처분을 명할 수 있다.

제1097조[유언집행자의 승낙, 사퇴] ① 지정에 의한 유언집행자는 유언자의 사망 후 지체없이 이를 승낙하거나 사퇴할 것을 상속인에게 통지하여야 한다.

② 선임에 의한 유언집행자는 선임의 통지를 받은 후 지체없이 이를 승낙하거나 사퇴할 것을 법원에 통지하여야 한다.

③ 상속인 기타 이해관계인은 상당한 기간을 정하여 그 기간 내에 승낙여부를 확답할 것을 지정 또는 선임에 의한 유언집행자에게 최고할 수 있다. 그 기간 내에 최고에 대한 확답을 받지 못한 때에는 유언집행자가 그 취임을 승낙한 것으로 본다.

제1098조[유언집행자의 결격사유] 무능력자와 파산선고를 받은 자는 유언집행자가 되지 못한다.

제1099조[유언집행자의 임무착수] 유언집행자가 그 취임을 승낙한 때에는 지체없이 그 임무를 이행하여야 한다.

제1100조[재산목록작성] ① 유언이 재산에 관한 것인 때에는 지정 또는 선임에 의한 유언집행자는 지체없이 그 재산목록을 작성하여 상속인에게 교부하여야 한다.

② 상속인의 청구가 있는 때에는 전항의 재산목록작성에 상속인을 참여하게 하여야 한다.

제1105조[유언집행자의 사퇴] 지정 또는 선임에 의한 유언집행자는 정당한 사유 있는 때에는 법원의 허가를 얻어 그 임무를 사퇴할 수 있다.

제1106조[유언집행자의 해임] 지정 또는 선임에 의한 유언집행자에 그 임무를 해태하거나 적당하지 아니한 사유가 있는 때에는 법원은 상속인 기타 이해관계인의 청구에 의하여 유언집행자를 해임할 수 있다.

제1107조[유언집행의 비용] 유언의 집행에 관한 비용은 상속재산 중에서 이를 지급한다.

제1108조[유언의 철회] ① 유언자는 언제든지 유언 또는 생전행위로써 유언의 전부나 일부를 철회할 수 있다.

② 유언자는 그 유언을 철회할 권리를 포기하지 못한다.

제1109조[유언의 저촉] 전후의 유언이 저촉되거나 유언 후의 생전행위가 유언과 저촉되는 경우에는 그 저촉된 부분의 전유언은 이를 철회한 것으로 본다.

제1110조[파훼로 인한 유언의 철회] 유언자가 고의로 유언증서 또는 유증의 목적물을 파훼한 때에는 그 파훼한 부분에 관한 유언은 이를 철회한 것으로 본다.

제1111조[부담 있는 유언의 취소] 부담 있는 유증을 받은 자가 그 부담의무를 이행하지 아니한 때에는 상속인 또는 유언집행자는 상당한 기간을 정하여 이행할 것을 최고하고 그 기간 내에 이행하지 아니한 때에는 법원에 유언의 취소를 청구할 수 있다. 그러나 제3자의 이익을 해하지 못한다.

사례문답

1 자필증서에 의한 유언이 유효하려면 어떠한 방식을 필요로 하는가?

【질 문】

노년에 부부의 연을 맺게 된 갑남과 을녀는 혼인신고를 하지 않은 채 혼인생활을 하고 있다. 남편 갑남은 자신의 주변을 정리하고 싶어서 그 동안 모은 재산에 관해서 을녀에게 유언을 하고자 한다.

1. 을녀는 갑남의 유언이 없는 경우 그 재산에 대해 상속을 받을 수는 없는가?
2. 갑남이 유언서 작성시에 나중에 쓰려고 연월일을 쓰지 아니한 경우도 유효한가?
3. 갑남이 유언서에 성명 대신 예명이나 호를 쓰고 손도장을 찍은 경우는 어떻게 되는가?

【해 설】

1. 혼인신고를 마친 법률혼이 아닌 사실혼 관계에서는 상속이 이루어지지 아니한다.

다만, 갑남에게 상속인이 없는 경우 특별연고자로서 가정법원에 분여 청구를 할 수 있다.

2. 자필증서에 의한 유언은 유언자가 그 전문(全文)과 연월일, 주소, 성명을 자서(自書)하고 날인하여야 한다(민법 제1066조 제1항).

자필유언증서의 연월일은 이를 작성한 날로부터 유언능력의 유무를 판단하거나 다른 유언증서와 사이에 유언성립의 선후를 결정하는 기준일이 되므로 그 작성일을 특정할 수 있게 기재하여야 한다. 연·월만 기재하고 일의 기재가 없는 자필유언증서는 그 작성일을 특정할 수 없으므로 효력이 없다(대법원 2009.5.14.선고 2009다9768 판결).

따라서 연월일을 확정할 수 있는 표현이라면 몇 회의 생일날 등으로 기재해도 허용된다. 그리고 연월일은 반드시 유언서 본문에 기재하지 않고 봉투에 넣은 후 봉투에 연월일을 기재하여도 무방하나 연월일이 없으면 유언서로서의 효력이 없다.

3. 자필증서에 의한 유언은 자필로 작성되어야 하므로 컴퓨터를 사용하면 그 효력이 인정되지 아니한다. 성명은 유언자 본인의 동일성을 확인할 수 있으면 되므로 예명(藝名)이나 아호(雅號) 등으로 표시해도 인정된다. 날인은 인감도장이 아닌 일반도장에 의한 날인, 손도장 등도 허용된다.

그리고 유언서의 문자의 삽입·삭제 또는 변경을 할 때에는 유언자가 그 내용을 자서하고 날인하여야 그 효력을 인정받는다(민법 제1066조 제2항).

유언서의 내용대로 집행이 되려면 유언증서를 보관한 자는 유언자의 사망 후 지체없이 법원에 제출하여 그 검인을 청구하여야 한다(민법 제1091조).

Chapter

5 유 류 분

Ⅰ. 유류분제도의 의의

Ⅱ. 유류분 권리자

Ⅲ. 유류분의 비율

Ⅳ. 유류분의 산정

Ⅴ. 유류분의 보전

◈ 사례문답: 유류분 산정 방식

◈ 사례문답: 공동상속인 중 특별수익자의 유류분 청구

승자는 일곱 번 쓰러져도 여덟 번 일어서지만,
패자는 쓰러진 일곱 번을 낱낱이 후회한다.

제5장

유 류 분

Ⅰ. 유류분제도의 의의

유류분이란 법정상속인을 보호하기 위하여 법률상 보장되는 상속재산의 일정부분을 의미한다. 피상속인이 유언에 의하여 상속인 이외의 사람에게 유증하거나 상속인 중 일부의 사람에게 모든 재산을 상속받게 하면, 상속인의 일부는 어려운 일을 당할 수 있다.

따라서 민법은 유류분제도를 두어 피상속인의 유언에 의해서도 침해할 수 없는 상속인의 유류분권을 보호하고 있다. 즉, 유류분제도는 피상속인이 상속재산 중에서 일정부분(유류분)을 일정한 상속인(유류분 권리자)을 위하여 반드시 남겨 두도록 하는 제도이다.

유류분권은 상속개시 후에 행사할 수 있는 권리이며, 상속개시 전에는 포기할 수 없으나 상속개시 후에는 포기할 수 있다. 이는 상속개시 전 피상속인이 압력을 가하여 상속인의 유류분권을 포기하도록 강요할 수도 있기 때문이다.

관련판례

상속개시 전에 이루어진 유류분을 포함한 상속포기약정은 무효라는 판례

유류분을 포함한 상속의 포기는 상속이 개시된 후 일정한 기간 내에만 가능하고 가정 법원에 신고하는 등 일정한 절차와 방식에 따라야만 그 효력이 있으므로, 상속개시 전에 이루어진 상속포기약정은 그와 같은 절차와 방식에 따르지 아니한 것으로 그 효력이 없다(대법원 1994.10.14. 선고 94다8334 판결).

II. 유류분 권리자

유류분 권리자는 피상속인의 직계비속·배우자·직계존속 및 형제자매로 한정되어 있다(민법 제1112조). 따라서 피상속인의 4촌 이내의 방계혈족까지 인정하는 법정상속인의 범위와 차이가 있다.

태아도 피상속인의 직계비속으로서 유류분 권리자가 된다. 또한 대습상속인도 피대습자의 상속분의 범위 내에서 유류분권을 행사할 수 있다(민법 제1118조, 제1001조, 제1010조).

III. 유류분의 비율

유류분의 비율은 피상속인의 직계비속과 배우자의 경우 그 법정상속분의 1/2, 직계존속 및 형제자매의 경우는 그 법정상속분의 1/3이다(민법 제1112조).

IV. 유류분의 산정

유류분은 상속개시 시에 있어서 피상속인이 가진 재산의 가액에 증여재산의 가액을 가산하고 채무의 전액을 공제하여 산정한다(민법 제1113조 제1항). 산입될 증여에 관하여는 증여는 상속개시 전의 1년간에 행한 것에 한하며, 권리자의 손해를 가할 것을 알고 증여를 할 때에는 1년 전에 한 증여도 대상이 된다(민법 제1114조).

예를 들어 공동상속인 중에 피상속인으로부터 재산의 증여에 의하여 특별수익을 한 자가 있는 경우에는 1년 전에 한 증여도 대상이 된다.

유류분액
= (상속개시 당시의 재산가액 + 상속개시 전 1년 이내의 증여액 - 채무액)
× 상속인의 법정상속분 × 유류분 비율

관련판례

유류분반환청구권 행사 방법에 관한 판례

유류분반환청구권의 행사는 재판상 또는 재판 외에서 상대방에 대한 의사표시의 방법으로 할 수 있고, 이 경우 그 의사표시는 침해를 받은 유증 또는 증여행위를 지정하여 이에 대한 반환청구의 의사를 표시하면 그것으로 족하고 그로 인하여 생긴 목적물의 이전등기청구권이나 인도청구권 등을 행사하는 것과는 달리 그 목적물을 구체적으로 특정하여야 하는 것은 아니며, 민법 제1117조 소정의 소멸시효의 진행도 위 의사표시로 중단된다.

유류분 권리자가 유류분 반환청구를 하는 경우에 증여 또는 유증을 받은 다른 공동상속인이 수인일 때에는, 민법이 정한 유류분 제도의 목적과 같은 법 제1115조 제2항의 규정취지에 비추어 유류분 권리자는 그 다른 공동상속인들 중 증여 또는 유증을 받은 재산의 가액이 자기 고유의 유류분액을 초과하는 상속인을 상대로 하여 그 유류분액을 초과한 금액의 비율에 따라 반환청구를 할 수 있다고 보아야 한다.

공동상속인 중에 피상속인으로부터 재산의 증여에 의하여 특별수익을 한 자가 있는 경우에는 민법 제1114조의 규정은 그 적용이 배제되고, 따라서 그 증여는 상속개시 전의 1년 간에 행한 것인지 여부에 관계없이 유류분 산정을 위한 기초재산에 산입된다(대법원 1995.6.30. 선고 93다11715 판결).

Ⅴ. 유류분의 보전

유류분 권리자가 받은 상속재산이 피상속인의 유증 또는 증여의 결과로 그 유류분에 부족이 생긴 때에는 부족한 한도에서 유증 또는 증여된 재산의 반환을 청구할 수 있다(민법 제1115조 제1항). 이 때 증여 및 유증을 받은 자가 여러 명인 때에는 각자가 얻은 유증가액의 비례로 반환하여야 한다.

한편, 유류분 부족분에 대한 반환청구권은 유류분 권리자(또는 그 승계인)가 상속개시와 반환할 유증 또는 증여한 사실을 안 때로부터 1년 이내, 상속개시 된 때로부터 10년 내에 행사하여야 한다(민법 제1117조).

유류분반환청구의 목적인 증여나 유증이 모두 존재하고 있는 경우에는 먼저 유증을 받은 자를 상대로 유류분 침해액의 반환을 구하여야 하고, 그래도 부족하면 증여를 받은 자에 대하여 그 부족분을 청구할 수 있다(민법 제1116조).

관련판례

유류분반환청구권의 소멸시효에 관한 판례

민법 제1117조의 유류분반환청구권은 상속이 개시한 때부터 10년이 지나면 시효에 의하여 소멸하고, 이러한 법리는 상속재산의 증여에 따른 소유권이전등기가 이루어지지 아니한 경우에도 달리 그 소멸시효 완성의 항변이 신의성실의 원칙에 반한다고 하는 등의 특별한 사정이 존재하지 아니하는 이상 달리 볼 것이 아니다(대법원 2008.7.10. 선고 2007다9719 판결).

§§관련조문

***민 법**

제1112조[유류분의 권리자와 유류분] 상속인의 유류분은 다음 각호에 의한다.

1. 피상속인의 직계비속은 그 법정상속분의 2분의 1
2. 피상속인의 배우자는 그 법정상속분의 2분의 1
3. 피상속인의 직계존속은 그 법정상속분의 3분의 1
4. 피상속인의 형제자매는 그 법정상속분의 3분의 1

제1113조[유류분의 산정] ① 유류분은 피상속인의 상속개시 시에 있어서 가진 재산의 가액에 증여재산의 가액을 가산하고 채무의 전액을 공제하여 이를 산정한다.
② 조건부의 권리 또는 존속기간이 불확정한 권리는 가정법원이 선임한 감정인의 평가에 의하여 그 가격을 정한다.

제1114조[산입될 증여] 증여는 상속개시전의 1년간에 행한 것에 한하여 제1113조의 규정에 의하여 그 가액을 산정한다. 당사자쌍방이 유류분 권리자에 손해를 가할 것을 알고 증여를 한 때에는 1년 전에 한 것도 같다.

제1115조[유류분의 보전] ① 유류분 권리자가 피상속인의 제1114조에 규정된

증여 및 유증으로 인하여 그 유류분에 부족이 생긴 때에는 부족한 한도에서 그 재산의 반환을 청구할 수 있다.
② 제1항의 경우에 증여 및 유증을 받은 자가 수인인 때에는 각자가 얻은 유증가액의 비례로 반환하여야 한다.
제1116조[반환의 순서] 증여에 대하여는 유증을 반환 받은 후가 아니면 이것을 청구할 수 없다.
제1117조[소멸시효] 반환의 청구권은 유류분 권리자가 상속의 개시와 반환하여야 할 증여 또는 유증을 한 사실을 안 때로부터 1년 내에 하지 아니하면 시효에 의하여 소멸한다. 상속이 개시한 때로부터 10년을 경과한 때도 같다.
제1118조[준용규정] 제1001조, 제1008조, 제1010조의 규정은 유류분에 이를 준용한다.

사례문답

1 유류분 산정은 어떻게 하는가?

【질 문】

갑은 자신의 전 재산 14억 원을 사망하기 전 6개월 전에 복지재단에 기부했다. 그리고 남겨준 재산이 없게 되자 갑의 아내 을과 아들 A, 딸 B는 이에 대해 자신들의 유류분을 주장하고자 한다.

1. 상속인들의 유류분액은 어떻게 될까?
2. 상속인들의 유류분 반환 청구는 가능한가?

【해 설】

1. 상속개시 전 1년 이내에 이루어진 증여는 유류분 기초재산에 포함된다.상속재산이 없으며, 채무 공제가 없고, 증여재산 14억 원의 산입이 있으므로 유류분의 기초재산은 14억 원이 된다.

배우자와 두 자녀가 유류분 권리자가 된다. 유류분 권리자들의 법정상속분의 비율은 1.5:1:1이므로, 이들의 법정상속분은 각각 1.5/3.5: 1/3.5: 1/3.5이다. 그리고 유류분의 비율은 자기 법정상속분의 1/2 이다.

따라서 각자의 유류분은 다음과 같다.

아내 을 : 14억 원× 1.5/3.5(법정상속분) × 1/2(유류분 비율) = 3억 원

아들 A : 14억 원 × 1/3.5 × 1/2 = 2억 원

딸 B : 14억 원 × 1/3.5 × 1/2 = 2억 원

유류분 권리자들의 유류분액은 총 7억 원이다.

2. 유류분 권리자가 피상속인의 증여 및 유증으로 인하여 그 유류분에 부족이

생긴 때에는 부족한 한도에서 그 재산의 반환을 청구할 수 있다(민법 제1115조 제1항). 유류분 권리자들은 유류분을 보전 받기 위하여 복지재단에 유류분액 총 7억원을 반환 청구할 수 있다.

유류분반환청구권은 유류분 권리자가 상속의 개시와 반환하여야 할 증여 또는 유증을 한 사실을 안 때로부터 1년 내에 하지 아니하면 시효에 의하여 소멸한다. 상속이 개시한 때로부터 10년을 경과한 때도 소멸하므로 유의하여야 한다(민법 제1117조).

2 공동상속인 중 특별수익자가 있는 경우의 유류분 청구는 어떻게 하는가?

【질 문】

갑은 아내인 을과 아들 A, 딸 B를 남기고 사망하였다. 갑은 사망하기 3년 전에 자신 명의의 21억 상당의 부동산을 아들인 A의 명의로 이전해 주면서 본인 사후에 어머니 을을 잘 봉양할 것과 미혼인 여동생 B가 자립할 때까지 돌보도록 부탁하였다.

1. A가 어머니 을과 동생 B를 돌보지 아니할 경우, 을과 B는 A를 상대로 유류분을 청구할 수 있을까?
2. 어머니 을과 동생 B의 유류분액은 어떻게 될까?

【해 설】

1. 공동상속인이 받은 특별수익재산은 피상속인의 사망 3년 전에 이루어진 증여이더라도 유류분 산정의 기초재산의 대상이 되어야 한다.

공동상속인 중에 피상속인으로부터 재산의 증여에 의하여 특별수익을 한 자가 있는 경우에는 민법 제1114조의 규정(사망 1년 전에 이루어진 증여에 한한다는 내용)은 그 적용이 배제되고, 따라서 그 증여는 상속개시 전의 1년 간에 행한 것인지 여부에 관계없이 유류분 산정을 위한 기초재산에 산입 된다(대법원 1995.6.30.선고 93다11715판결).

따라서 유류분 권리자 어머니 을과 동생 B는 본인들의 유류분을 주장할 수 있다.

2. 어머니 을과 동생 B는 각자 자기 법정 상속분의 1/2에 상당하는 유류분을 청구할 수 있고, 그 유류분 산정에는 아들 A가 3년 전에 증여받은 21억 상당의 부동산이 유류분 기초재산이 되어야 한다.

따라서 어머니 을과 동생 B의 유류분은 다음과 같다.

어머니 을 : 21억 원× 1.5/3.5(법정상속분) × 1/2(유류분 비율)

= 4억 5천만 원

동생 B : 21억 원 × 1/3.5 × 1/2 = 3억 원

유류분 권리자들은 A에게 유류분액 총 7억 5천만 원을 반환 청구할 수 있다.

Chapter

주택임대차 6

내가 원하는 곳이 아니라, 내가 필요한 곳으로 가라.

제6장

주택임대차

Ⅰ. 임대차의 의의

임대차는 임대인이 임차인에게 임대차의 목적물을 사용·수익하게 하고, 임차인은 이에 대하여 차임의 지급을 약정하는 채권계약이다.

임대차계약이 체결되면 임차인은 임대인의 목적물을 사용·수익할 수 있는 권리가 발생하는데 이를 임차권이라 한다. 임차인의 차임은 보증금이 일시불로 지급되는 경우가 있고, 보증금 일부와 매달 일정액을 지급하는 형식이 있다. 전자의 경우를 전세라 하고, 후자의 경우를 월세(사글세)라고 한다.

한편 전세권은 전세권자가 전세금을 지급하고 전세권설정자의 부동산을 그 용도에 따라 사용·수익하는 용익물권이다. 전세권은 그 권리가 등기용지에 기재가 되므로 자기의 권리를 보호받기 위해 타인의 권리주장을 물리칠 수 있는 배타성이 있게 된다.

그러나 임대차 계약에 의해 부여되는 임차인의 임차권은 채권으로 특정인이 다른 특정인에 대하여 특정의 행위를 청구할 수 있는 비배타성을 갖고 있다.

따라서 어떠한 목적물 위에 물권과 채권이 모두 존재하면 물권이 우선한다.

오늘날 부동산 소유자가 전세권등기를 기피하려는 의도가 있으므로 채권적 전세인 미등기 전세가 많이 행해지고 있다. 전세는 전세금의 이자를 차임에 충당하고 있으므로 민법상 임대차와는 다르나 관련규정으로 임대차에 관한 규정을 적용하고 있다. 주거용으로 사용되는 경우에는 전세금을 임대차의 보증금으로 해석하여 주택임대차보호법의 보호를 받을 수 있도록 하고 있다.

II. 주택임대차보호법의 적용범위

주거용 건물인 주택을 임대차 한 경우에는 주택임대차보호법이 적용된다. 채권적 전세인 미등기 전세의 경우에도 적용되며, 주택의 일부가 주거 이외의 목적으로 사용되는 경우에도 적용된다.

주거용이 아닌 건물을 임차인이 주거용으로 사용하는 경우에는 주택임대차보호법이 적용되지 않는다. 예를 들어 세탁소를 하려고 임차한 건물의 일부분을 방으로 사용하는 경우에는 보호대상이 아니다. 또 일시 사용을 위한 임대차임이 명백한 경우에는 적용되지 않는다.

종래에는 법인이 임차인인 경우에는 주택임대차보호법이 적용되지 않았으나, 법인이 국민주택기금을 재원으로 하여 저소득층 무주택자에게 주거생활 안정을 목적으로 전세임대주택을 지원하는 경우에는 이 법이 적용된다.

관련판례

1. 주택임대차보호법 제2조에 정한 주거용 건물에 해당하는지 여부의 판단 기준 및 방 2 개와 주방이 딸린 커피숍이 주택임대차보호법 제2조 후문의 주거용 건물에 해당 하지 아니한다고 본 판례

주택임대차보호법 제2조 소정의 주거용 건물에 해당하는지 여부는 임대차 목적물의 공부상의 표시만을 기준으로 할 것이 아니라 그 실지용도에 따라서 정하여야 하고 건물의 일부가 임대차의 목적이 되어 주거용과 비주거용으로 겸용되는 경우에는 구체적인 경우에 따라 그 임대차의 목적, 전체 건물과 임대차목적물의 구조와 형태 및 임차인의 임대차목적물의 이용관계 그리고 임차인이 그곳에서 일상 생활을 영위하는지 여부 등을 아울러 고려하여 합목적적으로 결정하여야 한다.

방 2개와 주방이 딸린 커피숍이 영업용으로서 비주거용 건물이라고 보여지고, 설사 그 중 방 및 커피숍의 주방을 주거목적에 사용한다고 하더라도 이는 어디까지나 커피숍의 영업에 부수적인 것으로서 그러한 주거목적 사용은 비주거용 건물의 일부가 주거목적으로 사용되는 것일 뿐, 주택임대차보호법 제2조 후문에서 말하는 '주거용 건물의 일부가 주거 외의 목적으로 사용되는 경우'에 해당한다고 볼 수 없다(대법원 1996.3.12. 선고 95다51953 판결).

2. 주택의 소유자는 아니지만 적법한 임대권한을 가진 사람과 임대차계약을 체결한 경우에 주택임대차보호법이 적용된다는 판례

주택임대차보호법이 적용되는 임대차로서는 반드시 임차인과 주택의 소유자인 임대인 사이에 임대차계약이 체결된 경우에 한정된다고 할 수는 없고, 주택의 소유자는 아니지만 주택에 관하여 적법하게 임대차계약을 체결할 수 있는 권한(적법한 임대권한)을 가진 임대인과 임대차계약이 체결된 경우도 포함된다(대법원 2008.4.10. 선고 2007다38908, 38915 판결).

Ⅲ. 주택임차권의 대항력

1. 대항력의 의의

주택임차인이 임대인 이외의 제3자(주택의 새로운 소유자 등)와의 관계에서 자기의 임차권을 주장할 수 있는 권리를 의미한다.

2. 대항력의 구비방법

주택임차권은 그 등기가 없는 경우에도 주택의 인도(입주)와 주민등록(전입신고)을 마친 다음 날부터 제3자에 대하여 대항력이 생긴다.

(1) 주택의 인도

주택의 인도라 함은 주택의 직접점유뿐만 아니라 간접점유(임차인이 전대를 하는 경우)를 하게 되는 경우도 포함된다.

(2) 주민등록

주택임차인은 임차주택의 주소로 주민등록을 마쳐야 한다. 전입신고와 주민등록과의 사이의 일정한 시간의 간격으로 인한 보호의 공백을 없애기 위해 전입신고를 한 때에 주민등록이 된 것으로 본다.

3. 대항력의 발생

주택에 대해 주택임대차보호법에 의한 대항력과 민법에 의한 등기가 같은 날 이루어진 경우 그 선후를 가리는 것이 곤란하므로, 이 법은 임차인이 주택의 인도와 주민등록을 마친 때에는 그 '다음날'부터 제3자에 대하여 효력이 생긴다고 규정하고 있다. 다음날 오전 0시부터 대항력을 가지게 된다고 볼 수 있다(대법원 1995.5.25. 선고 99다9981 판결).

예를 들어 주택의 인도 및 주민등록이라는 대항요건과 그 주택에 대한 제3자의 저당권등기가 같은 날 이루어진 경우에는 제3자의 저당권이 주택임차권보다 우선하게 된다.

관련판례

1. 주택임차권이 대항력을 유지하기 위하여는 대항요건인 주민등록이 임대기간 중 계속 존속되어야 한다는 판례

주택임대차보호법 제3조 제1항에서 주택임차인에게 주택의 인도와 주민등록을 요건으로 명시하여 등기된 물권에 버금가는 강력한 대항력을 부여하고 있는 취지에 비추어볼 때 달리 공시방법이 없는 주택임대차에서는 주택의 인도 및 주민등록 이라는 대항요건은 그 대항력 취득 시에만 구비하면 족한 것이 아니고, 그 대항력을 유지하기 위하여서도 계속 존속하고 있어야 한다(대법원 1987.2.24. 선고 86다카1695 판결).

2. 다가구용 단독주택의 경우, 주택임대차보호법상의 대항요건을 갖추기 위해서 지번 외에 호수까지는 기재하지 아니하여도 되며, 임차인이 같은 건물 내에서 이사를 하면서 호수를 변경한 전입신고를 다시 한 경우에도 원래의 전입신고가 유효한 공시방법이 된다는 판례

다가구용 단독주택의 경우 건축법이나 주택건설촉진법상 이를 공동주택으로 볼 근거가 없어 단독주택으로 보아야 하는 이상 주민등록법시행령 제5조 제5항에 따라 임차인이 위 건물의 일부나 전부를 임차하여 전입신고를 하는 경우 지번만 기재하는 것으로 충분하고, 나아가 위 건물 거주자의 편의상 구분하여 놓은 호수까지 기재할 의무나 필요가 있다고 할 수 없으며, 임차인이 실제로 위 건물의 어느 부분을 임차하여 거주하고 있는지 여부의 조사는 단독주택의 경우와 마찬가지로 위 건물에 담보권 등을 설정하려는 이해관계인의 책임하에 이루어져야 하므로, 임차인이 위 건물의 지번으로 전입신고를 한 이상 일반 사회통념상 그 주민등록으로 위 건물에 위 임차인이 주소 또는 거소를 가진 자로 등록되어 있는지를 인식할 수 있어 임대차의 공시방법으로 유효하고, 그 임차인이 위 건물 중 종전에 임차하고 있던 부분에서 다른 부분으로 옮기면서 그 옮긴 부분으로 다시 전입신고를 하였다고 하더라도 이를 달리 볼 것은 아니다(대법원 1998.1.23. 선고 97다47828 판결).

3. 다세대주택의 동 · 호수 표시 없이 그 부지 중 일부 지번으로만 주민등록을 한 경우, 주택임대차보호법상의 대항력이 없다고 한 판례

임차인들이 다세대주택의 동 · 호수 표시 없이 그 부지 중 일부 지번으로만 주민 등록을 한 경우, 그 주민등록으로써는 일반의 사회통념상 그 임차인들이 그 다세대주택의 특정 동 · 호수에 주소를 가진 것으로 제3자가 인식할 수는 없는 것이므로, 임차인들은 그 임차 주택에 관한 임대차의 유효한 공시방법을 갖추었다고 볼 수 없다(대법원 1996.2.23. 선고 95다48421 판결).

4. 신축중인 연립주택 중 1층 소재 주택의 임차인이 주민등록 이전 시 잘못된 현관문의 표시대로'1층 201호'라고 전입신고를 마쳤는데, 준공 후 그 주택이 공부상'1층 101호'로 등재된 경우, 주택임대차보호법상의 대항력이 없다고 한 판례

신축 중인 연립주택 중 1층 소재 주택의 임차인이 주민등록 이전 시 잘못된 현관문의 표시대로 '1층 201호'라고 전입신고를 마쳤는데, 준공 후 그 주택이 공부상 '1층 101호'로 등재된 경우, 주택임대차보호법상의 대항력이 없다(대법원 1995.8.11. 선고 95다177 판결).

IV. 주택임대차의 존속기간

1. 최소 임차기간의 보장

기간의 정함이 없거나 기간을 2년 미만으로 정한 임대차는 그 기간을 2년으로 본다. 다만, 임차인은 2년 미만으로 정한 기간이 유효함을 주장할 수 있다. 또한 임대차가 종료한 경우에도 임차인이 보증금을 반환 받을 때까지는 임대차관계가 존속하는 것으로 본다.

2. 임차기간의 갱신

주택임대차보호법상 당사자간에 약정갱신을 하지 않았더라도 자동갱신이 인정되는데 이를 묵시적 갱신이라고도 한다.

(1) 묵시적 갱신

(가) 임대인은 임대차기간이 끝나기 6개월 전부터 2개월 전까지 (계약만료 2개월 ~ 6개월/2010.12.10.이후 시행) 임차인에게 일정한 통지를 하여야 묵시적 갱신이 이루어지지 아니한다. 갱신거절의 통지나, 계약조건의 변경을 수락하지 아니하면 갱신하지 않겠다는 뜻의 통지를 하지 아니한 경우 그 기간이 끝난 때에 전 임대차와 동일한 조건으로 다시 임대차한 것으로 보는 묵시적 갱신이 이루어진다.

(나) 임차인이 임대차기간이 끝나기 2개월 전까지 통지하지 아니한 경우에도 묵시적 갱신이 이루어진다.

(2) 묵시적 갱신의 경우 존속기간

묵시적 갱신의 경우에 임대차의 존속기간은 2년으로 본다. 한편 묵시적 갱신의 경우에 임차인은 언제든지 임대인에 대하여 계약해지의 통지를 할 수 있고, 이 경우 임대인이 그 통지를 받은 날부터 3월이 경과하면 해지의 효력이 발생한다.

3. 임차인의 계약갱신요구권

주택시장의 불안정 속에 전세에서 월세로의 전환이 자주 이루어지고, 임대료가 상승함에 따라 임차가구의 주거 불안과 주거비 부담이 가중되게 되었다. 따라서 임차인의 계약갱신요구권을 보장하여 현행 2년에서 4년으로 임대차 보장기간을 연장하고, 계약갱신 시 차임이나 보증금의 증액청구는 약정한 차임이나 보증금의 20분의 1의 금액을 초과하지 못하도록 제한하는 개정된 주택임대차보호법이 2020.7.31.부터 시행되고 있다.

그 주요내용은 다음과 같다.

(1) 임대인은 임차인이 임대차기간이 끝나기 전 일정 기간 중에 계약갱신을 요구할 경우 정당한 사유 없이 거절하지 못하도록 하고, 임차인은 계약갱신요구권을 1회에 한하여 행사할 수 있도록 하며, 갱신되는 임대차의 존속기간은 2년으로 본다(제6조의3 제1항 및 제2항 신설).

다음과 같은 사유가 있는 경우에는 임대인이 갱신 거절을 할 수 있다.

① 임차인이 2기의 차임액에 해당하는 금액에 이르도록 차임을 연체한 사실이 있는 경우

② 임차인이 거짓이나 그 밖의 부정한 방법으로 임차한 경우

③ 서로 합의하여 임대인이 임차인에게 상당한 보상을 제공한 경우

④ 임차인이 임대인의 동의 없이 목적 주택의 전부 또는 일부를 전대(전대)한 경우

⑤ 임차인이 임차한 주택의 전부 또는 일부를 고의나 중대한 과실로 파손한 경우

⑥ 임차한 주택의 전부 또는 일부가 멸실되어 임대차의 목적을 달성하지 못할 경우

⑦ 임대인이 다음 중 어느 하나에 해당하는 사유로 목적 주택의 전부 또는 대부분을 철거하거나 건축하기 위하여 목적 주택의 점유를 회복할 필요가 있는 경우

㉮ 임대차계약 체결 당시 공사시기 및 소요기간 등을 포함한 철거 또는 재건축 계획을 임차인에게 구체적으로 고지하고 그 계획에 따르는 경우

㉯ 건물이 노후 · 훼손 또는 일부 멸실되는 등 안전사고의 우려가 있는 경우

㉰ 다른 법령에 따라 철거 또는 재건축이 이루어지는 경우

⑧ 임대인(임대인의 직계존속 · 직계비속을 포함한다)이 목적 주택에 실제 거주하려는 경우

⑨ 그 밖에 임차인이 임차인으로서의 의무를 현저히 위반하거나 임대차를 계속하기 어려운 중대한 사유가 있는 경우

(2) 임대인이 실 거주를 사유로 갱신을 거절하였음에도 불구하고 갱신요구가 거절되지 아니하였더라면 갱신되었을 기간이 만료되기 전에 정당한 사유 없이 제3자에게 목적 주택을 임대한 경우 임대인은 갱신거절로 인하여 임차인이 입은 손해를 배상하도록 한다(제6조의3 제5항 및 제6항 신설).

V. 임차보증금의 회수

1. 임차보증금의 우선변제권

(1) 우선변제권의 의의

주택임차인에게 스스로 임차권에 의한 경매청구권은 인정되지 않는다. 그러나 임차주택에 대해 다른 채권자 등에 의한 경매가 개시되는 경우에 주택임차인은 그 배당에 참가하여 자신의 보증금을 회수할 수 있다. 이 경우 주택임차인이 일정한 요건을 갖추면 다른 일반채권자나 후순위 담보물권자보다 배당순위에서 우선변제를 받을 수 있는 권리를 의미한다.

(2) 우선변제권의 행사요건

임차주택에 대한 경매가 이루어지는 경우에 주택임차인에게 임차보증금의 우선변제권이 성립하기 위해서는 일정한 요건이 충족되어야 한다.

(가) 대항요건과 확정일자의 구비

주택임차인은 주택의 인도와 주민등록 이외에 임대차 계약 증서상에 확정일자를 갖추어야 한다. 확정일자는 제3자에 대하여 법률상 증거력이 인정되는 일자이다. 확정일자를 받는 방법은 전입신고 완료 후 공증인사무소, 법원, 등기소, 동사무소에 가서 임대차 계약서에 확정일자인을 압날(押捺) 받는 방법으로 이루어진다.

(나) 주택임차인의 순위가 다른 권리자 기타 채권자보다 선순위이어야 함

임차주택에 대한 경매가 이루어진 경우 주택임차인의 확정일자가 다른 권리자 기타 채권자의 권리 확보일자보다 빠르면 우선변제권이 보장되나 그렇지 아니한 경우에는 순서대로 보호받게 된다.

[대항요건과 확정일자를 갖춘 임차인의 경우]

경매 전 권리 취득 순서	경매대금 배당순위
• 1순위 근저당권자 • 확정일자 갖춘 임차인 • 2순위 근저당권자	• 1순위: 1순위 근저당권자 • 2순위: 확정일자 갖춘 임차인 • 3순위: 2순위 근저당권자

[대항요건은 갖추었으나 확정일자가 미비된 임차인의 경우]

경매 전 권리 취득 순서	경매대금 배당순위
• 확정일자 미비된 임차인 • 1순위 근저당권자 • 2순위 근저당권자	• 1순위: 1순위 근저당권자 • 2순위: 2순위 근저당권자 • 3순위: 확정일자 미비된 임차인

2. 임차보증금 중 일정액의 최우선 보호

(1) 최우선변제권의 의의

보증금 중 일정액의 보호제도는 소액보증금의 최우선변제권의 보장으로, 경제적으로 약자인 임차인에게 최소한의 보증금회수를 보장하여 서민주택생활의 안정을 도모하려는 취지에서 도입된 제도이다. 무주택 서민들에게 매우 유용한 제도로 기능하고 있다. 주택임차인의 최우선변제권은 보증금 중 일정액을 다른 담보물권자보다 우선하여 변제받는 권리를 의미한다. 즉, 다른 담보물권이 성립되어 있더라도 그 성립 선후에 관계없이 최우선변제권을 행사할 수 있다.

(2) 최우선변제권의 행사요건

(가) 주택임차인의 대항요건인 주택의 인도와 주민등록을 갖추어야 함

이 경우에는 확정일자까지를 요하지 않는다는 점이 우선변제권의 행사요건과 구별된다. 그러나 보증금 전액을 보호받기 위해서는 반드시 확정일자를 받아 두어야 한다.

(나) 대항요건을 경매신청의 등기 전에 갖추어야 함

(3) 최우선변제권의 인정범위

지역별로 보증금 중 일정액의 보호범위를 나타내면 다음과 같다.

구 분	보증금 중 일정액의 보호 범위
서울특별시	보증금이 1억 1천만원 이하일 때 3700만원
수도권정비계획법에 따른 과밀억제권역, 세종시, 용인시, 화성시	보증금이 1억원 이하 일 때 3400만원

광역시(수도권정비계획법에 따른 과밀억제권역과 군지역 제외), 안산시, 김포시, 광주시, 파주시	보증금이 6,000만 원 이하일 때 2,000만 원
기타 지역	보증금이 5,000만 원 이하일 때 1,700만 원

임차인의 보증금 중 일정액이 주택가액(대지가액 포함)의 2분의 1을 초과하는 경우에는 주택가액의 2분의 1에 해당하는 금액에 한하여 최우선변제권이 인정된다.

과밀억제권역에는 인천광역시(일부지역 제외), 의정부시, 구리시, 남양주시(일부지역 제외), 하남시, 수원시, 고양시, 성남시, 안양시, 부천시, 광명시, 과천시, 의왕시, 군포시, 시흥시(반월 특수지역 제외)가 포함된다(수도권정비계획법 시행령 별표 1).

관련판례

주택임대차보호법상 대항요건과 확정일자를 갖춘 임차인들이 소액임차인의 지위를 겸하는 경우, 그 배당방법에 관한 판례

주택임대차보호법은 대항요건(주택인도와 주민등록 전입신고)과 임대차계약증서상의 확정일자를 갖춘 주택임차인에게 부동산 담보권에 유사한 권리를 인정한다는 취지로서, 이에 따라 대항요건과 확정일자를 갖춘 임차인들 상호 간에는 대항 요건과 확정일자를 최종적으로 갖춘 순서대로 우선변제 받을 순위를 정하게 되므로, 만일 대항요건과 확정일자를 갖춘 임차인들이 주택임대차보호법 제8조 제1항에 의하여 보증금 중 일정액의 보호를 받는 소액임차인의 지위를 겸하는 경우, 먼저 소액임차인으로서 보호받는 일정액을 우선 배당하고 난 후의 나머지 임차보증금 채권액에 대하여는 대항요건과 확정일자를 갖춘 임차인으로서의 순위에 따라 배당을 하여야 하는 것이다(대법원 2007.11.15. 선고 2007다45562 판결).

3. 전월세상한제

전월세상한제(주택임대차보호법 제7조)가 2020.7.31.부터 시행되며, 임대차계약 갱신 시 임대료 증액이 기존 임대료의 5% 이내로 제한되고, 임대차계약 또는 최종의 임대료 등의 증액이 있은 후 1년 이내에 증액청구를 할 수 없게 된다. 특별시 · 광역시 · 특별자치시 · 도 및 특별자치도는 관할 구역 내의 지역별 임대차 시장 여건 등을 고려하여 20분의 1의 범위에서 증액청구의 상한을 조례로 달리 정할 수 있도록 한다.

VI. 임대차 계약할 때의 유의할 점

1. 임대인이 부동산 소유자이며 담보물권(예: 근저당권 등)이 등기되어 있는 지의 확인을 위해 토지·건물 등기부 등본을 열람 또는 발급받아 확인하여야 한다.

2. 부동산 소유자의 대리인과 계약할 때는 부동산 소유자의 위임장과 인감증명서가 첨부되어 있는지 여부를 확인하여야 한다.

3. 임차인을 구하는 경우에는 방문자의 신분을 확인하고 가족이나 이웃이 함께 있는 시간을 활용하여 안전에 유의하여야 한다.

VII. 부동산임대차 계약서(※ 이하 별면으로 처리함)

[서식 1] 부동산임대차 계약서

부동산임대차 계약서

임대인(이하 “갑”이라고 함)과 임차인(이하 “을”이라고 함)은 합의하에 다음과 같이 임대차계약을 체결한다.

1. 부동산의 표시

소 재 지	
건 물	용 도 : 구 조 : 면 적 : ㎡
임대목적물	

2. 계약내용

제1조(보증금) 을은 상기 표시 부동산의 임대차보증금 및 차임(월세)을 다음과 같이 지급하기로 한다.

- 보 증 금 : 금 ○ ○ ○ 원(₩ ○ ○ ○)
- 계 약 금 : 금 ○ ○ ○ 원은 계약시에 지급한다
- 중 도 금 : 금 ○ ○ ○ 원은 20 년 월 일에 지급한다.
- 잔 금 : 금 ○ ○ ○ 원은 건물명도와 동시에 지급한다.
- 차임(월세금): 금 ○ ○ ○ 원은 매월 말일에 지급한다.

제2조(임대차기간) 임대차 기간은 20 년 월 일부터 20 년 월 일까지 ○○개월로 한다.

제3조(건물의 인도) 갑은 상기 표시 부동산을 임대차 목적대로 사용·수익할 수 있는 상태로 하여 20 년 월 일까지 을에게 인도한다.

제4조(구조변경, 전대 등의 제한) 을은 갑의 동의 없이 상기 표시 부동산의 용도나 구조 등의 변경, 전대, 양도, 담보제공 등을 하지 아니한다.

제5조(계약의 해제) 을이 갑에게 중도금(중도금 약정이 없는 경우에는 잔금)을 지급하기 전까지는 본 계약을 해제할 수 있으며, 갑이 해약할 경우에는 계약금의 배액을 상환하며 을이 해약할 경우는 계약금을 포기하는 것으로 한다.

제6조(계약의 종료) ① 을은 존속기간의 만료, 합의 해지 및 기타 해지사유가 발생하면 위 부동산을 원상회복하여 갑에게 반환한다.

② 갑은 보증금을 을에게 반환하고 연체 임대료 또는 손해배상금액이 있을 경우는 이를 제외하고 그 잔액을 반환한다.

제7조(민법의 적용) 본 계약에서 정하지 아니한 사항에 대해서는 민법의 규정을 적용하도록 한다.

위 계약을 증명하기 위하여 계약서 2통을 작성하고, 각각 서명 · 날인하여 각자 1통씩 보관한다.

20 년 월 일

임대인	주 소					
	성 명	인	주민등록번호	―	전 화 번 호	
임차인	주 소					
	성 명	인	주민등록번호	―	전 화 번 호	
입회인	주 소					
	성 명	인	주민등록번호	―	전 화 번 호	

(출처: 법무부, 한국인의 법과 생활)

§§관련조문

***주택임대차보호법**

제1조[목적] 이 법은 주거용 건물의 임대차에 관하여 「민법」에 대한 특례를 규정함으로써 국민 주거생활의 안정을 보장함을 목적으로 한다.

제2조[적용 범위] 이 법은 주거용 건물(이하 "주택"이라 한다)의 전부 또는 일부의 임대차에 관하여 적용한다. 그 임차주택의 일부가 주거 외의 목적으로 사용되는 경우에도 또한 같다.

제3조[대항력 등] ① 임대차는 그 등기가 없는 경우에도 임차인이 주택의 인도와 주민등록을 마친 때에는 그 다음 날부터 제3자에 대하여 효력이 생긴다. 이 경우 전입신고를 한 때에 주민등록이 된 것으로 본다.

② 국민주택기금을 재원으로 하여 저소득층 무주택자에게 주거생활 안정을 목적으로 전세임대주택을 지원하는 법인이 주택을 임차한 후 지방자치단체의 장 또는 그 법인이 선정한 입주자가 그 주택을 인도받고 주민등록을 마쳤을 때에는 제1항을 준용한다. 이 경우 대항력이 인정되는 법인은 대통령령으로 정한다.

③ 임차주택의 양수인(그 밖에 임대할 권리를 승계한 자를 포함한다)은 임대인의 지위를 승계한 것으로 본다.

④ 이 법에 따라 임대차의 목적이 된 주택이 매매나 경매의 목적물이 된 경우에는 「민법」 제575조 제1항 · 제3항 및 같은 법 제578조를 준용한다.

⑤ 제4항의 경우에는 동시이행의 항변권에 관한 「민법」 제536조를 준용한다.

제3조의2[보증금의 회수] ① 임차인(제3조 제2항의 법인을 포함한다. 이하 같다)이 임차주택에 대하여 보증금 반환청구소송의 확정판결이나 그 밖에 이에 준하는 집행권원에 따라서 경매를 신청하는 경우에는 집행개시요건에 관한 「민사집행법」 제41조에도 불구하고 반대의무의 이행이나 이행의 제공을 집행개시의 요건으로 하지 아니한다.

② 제3조 제1항 또는 제2항의 대항요건과 임대차계약증서(제3조 제2항의 경우에는 법인과 임대인 사이의 임대차계약증서를 말한다)상의 확정일자를 갖춘 임차인은 「민사집행법」에 따른 경매 또는 「국세징수법」에 따른 공매를 할 때에 임차주택(대지를 포함한다)의 환가대금에서 후순위 권리자나 그 밖의 채권자보다 우선하여 보증금을 변제 받을 권리가 있다.

③ 임차인은 임차주택을 양수인에게 인도하지 아니하면 제2항에 따른 보증금을 받을 수 없다.

④ 제2항에 따른 우선변제의 순위와 보증금에 대하여 이의가 있는 이해관계인은 경매 법원이나 체납 처분청에 이의를 신청할 수 있다.

⑤ 제4항에 따라 경매법원에 이의를 신청하는 경우에는 「민사집행법」 제152조부터 제161조까지의 규정을 준용한다.

⑥ 제4항에 따라 이의신청을 받은 체납 처분청은 이해관계인이 이의 신청일부터 7일 이내에 임차인을 상대로 소를 제기한 것을 증명하면 해당 소송이 끝날 때까지 이의가 신청된 범위에서 임차인에 대한 보증금의 변제를 유보하고 남은 금액을 배분하여야 한다. 이 경우 유보된 보증금은 소송의 결과에 따라 배분한다.

제3조의5[경매에 의한 임차권의 소멸] 임차권은 임차주택에 대하여 「민사집행법」에 따른 경매가 행하여진 경우에는 그 임차 주택의 경락에 따라 소멸한다. 다만, 보증금이 모두 변제되지 아니한, 대항력이 있는 임차권은 그러하지 아니하다.

제4조[임대차기간 등] ① 기간을 정하지 아니하거나 2년 미만으로 정한 임대차는 그 기간을 2년으로 본다. 다만, 임차인은 2년 미만으로 정한 기간이 유효함을 주장할 수 있다.

② 임대차기간이 끝난 경우에도 임차인이 보증금을 반환 받을 때까지는 임대차관계가 존속되는 것으로 본다.

제6조[계약의 갱신] ① 임대인이 임대차기간이 끝나기 6개월 전부터 1개월 전까지의 기간에 임차인에게 갱신거절의 통지를 하지 아니하거나 계약조건을 변경하지 아니하면 갱신하지 아니한다는 뜻의 통지를 하지 아니한 경우에는 그 기간이 끝난 때에 전 임대차와 동일한 조건으로 다시 임대차 한 것으로 본다. 임차인이 임대차기간이 끝나기 1개월 전까지 통지하지 아니한 경우에도 또한 같다.

② 제1항의 경우 임대차의 존속기간은 2년으로 본다.
③ 2기의 차임 액에 달하도록 연체하거나 그 밖에 임차인으로서의 의무를 현저히 위반 한 임차인에 대하여는 제1항을 적용하지 아니한다.

제6조의2[묵시적 갱신의 경우 계약의 해지] ① 제6조 제1항에 따라 계약이 갱신된 경우 같은 조 제2항에도 불구하고 임차인은 언제든지 임대인에게 계약해지를 통지할 수 있다.
② 제1항에 따른 해지는 임대인이 그 통지를 받은 날부터 3개월이 지나면 그 효력이 발생한다.

제8조[보증금 중 일정액의 보호] ① 임차인은 보증금 중 일정액을 다른 담보물권자보다 우선하여 변제 받을 권리가 있다. 이 경우 임차인은 주택에 대한 경매신청의 등기 전에 제3조 제1항의 요건을 갖추어야 한다.
② 제1항의 경우에는 제3조의2 제4항부터 제6항까지의 규정을 준용한다.
③ 제1항에 따라 우선변제를 받을 임차인 및 보증금 중 일정액의 범위와 기준은 제8조의2에 따른 주택임대차위원회의 심의를 거쳐 대통령령으로 정한다. 다만, 보증금 중 일정액의 범위와 기준은 주택가액(대지의 가액을 포함한다)의 2분의 1을 넘지 못한다.

제9조[주택 임차권의 승계] ① 임차인이 상속인 없이 사망한 경우에는 그 주택에서 가정공동생활을 하던 사실상의 혼인 관계에 있는 자가 임차인의 권리와 의무를 승계한다.
② 임차인이 사망한 때에 사망 당시 상속인이 그 주택에서 가정공동생활을 하고 있지 아니한 경우에는 그 주택에서 가정공동생활을 하던 사실상의 혼인 관계에 있는 자와 2촌 이내의 친족이 공동으로 임차인의 권리와 의무를 승계한다.
③ 제1항과 제2항의 경우에 임차인이 사망한 후 1개월 이내에 임대인에게 제1항과 제2항에 따른 승계 대상자가 반대의사를 표시한 경우에는 그러하지 아니하다.
④ 제1항과 제2항의 경우에 임대차 관계에서 생긴 채권 · 채무는 임차인의 권리의무를 승계한 자에게 귀속된다.

제10조[강행규정] 이 법에 위반된 약정으로서 임차인에게 불리한 것은 그 효력이 없다.

제11조[일시 사용을 위한 임대차] 이 법은 일시 사용하기 위한 임대차임이 명백한 경우에는 적용하지 아니한다.

제12조[미등기 전세에의 준용] 주택의 등기를 하지 아니한 전세계약에 관하여는 이 법을 준용한다. 이 경우 "전세금"은 "임대차의 보증금"으로 본다.

제13조]「소액사건심판법」의 준용] 임차인이 임대인에 대하여 제기하는 보증금반환청구소송에 관하여는「소액사건심판법」제6조, 제7조, 제10조 및 제11조의2를 준용한다.

＊주택임대차보호법 시행령

제2조[대항력이 인정되는 법인] 「주택임대차보호법」(이하 "법"이라 한다) 제3조 제2항 후단에서 "대항력이 인정되는 법인"이란 다음 각 호의 법인을 말한다.

1. 「한국토지주택공사법」에 따른 한국토지주택공사
2. 「지방공기업법」 제49조에 따라 주택사업을 목적으로 설립된 지방공사

제10조[보증금 중 일정액의 범위 등] ① 법 제8조에 따라 우선변제를 받을 보증금 중 일정액의 범위는 다음 각 호의 구분에 의한 금액 이하로 한다.

1. 서울특별시: 3천700만 원
2. 「수도권정비계획법」에 따른 과밀억제권역(서울특별시는 제외한다), 세종특별자치시, 용인시 및 화성시: 3천400만 원
3. 광역시(「수도권정비계획법」에 따른 과밀억제권역에 포함된 지역과 군 지역은 제외한다), 안산시, 김포시, 광주시 및 파주시: 2천만 원
4. 그 밖의 지역: 1천700만 원

② 임차인의 보증금 중 일정액이 주택가액의 2분의 1을 초과하는 경우에는 주택가액의 2분의 1에 해당하는 금액까지만 우선변제권이 있다.

③ 하나의 주택에 임차인이 2명 이상이고, 그 각 보증금 중 일정액을 모두 합한 금액이 주택가액의 2분의 1을 초과하는 경우에는 그 각 보증금 중 일정액을 모두 합한 금액에 대한 각 임차인의 보증금 중 일정액의 비율로 그 주택가액의 2분의 1에 해당하는 금액을 분할한 금액을 각 임차인의 보증금 중 일정액으로 본다.

④ 하나의 주택에 임차인이 2명 이상이고 이들이 그 주택에서 가정공동생활을 하는 경우에는 이들을 1명의 임차인으로 보아 이들의 각 보증금을 합산한다.

제11조[우선변제를 받을 임차인의 범위] 법 제8조에 따라 우선변제를 받을 임차인은 보증금이 다음 각 호의 구분에 의한 금액 이하인 임차인으로 한다.

1. 서울특별시: 1억1,000만 원
2. 「수도권정비계획법」에 따른 과밀억제권역(서울특별시는 제외한다), 세종특별자치시, 용인시 및 화성시: 1억 원
3. 광역시(「수도권정비계획법」에 따른 과밀억제권역에 포함된 지역과 군지역은 제외한다), 안산시, 김포시, 광주시 및 파주시: 6천만 원
4. 그 밖의 지역: 5천만 원

사례문답

1 주택임대차 존속기간의 보장 및 임차보증금의 회수의 보호는 어떻게 이루어지는가?

【질 문】

임차인 을은 서울에 있는 임대인 갑의 주택을 전세보증금 7천만 원, 계약기간 2년으로 임차하여 입주함과 동시에 전입신고를 마치고 살고 있다.

입주하기 전 등기부를 열람하여 보니 A은행에 3,000만 원의 저당권이 설정되어 있었다. 그러나 주택가격을 고려해 볼 때 보증금회수에는 어려움이 없을 것 같아 임대차 계약을 체결하였다.

그 후 임대인의 가정에 어려운 일이 생겨 이 주택이 경매처분을 당하게 되었다. 을은 보증금회수에 마음이 쓰여 등기부를 확인해보니 입주 후 B은행에 3,000만 원의 저당권이 추가로 설정되어 있었다. 이 주택은 1억 2천만 원에 경락되었다고 한다.

1. 임차인은 새로운 소유자를 상대로 존속기간 동안 자기의 임차권을 주장할 수 있는가?
2. 임차인이 전입신고를 하면서 확정일자를 받아 둔 경우 보증금 회수액은 어떻게 되는가?
3. 임차인이 전입신고를 하면서 확정일자를 받아 두지 아니한 경우 보증금 회수액은 어떻게 되는가?

【해 설】

1. 임차인의 대항력이 선순위일 경우에는 새로운 소유자를 상대로 대항력을 주장할 수 있다. 대항력이란 임차인이 임대인 이외의 새로운 소유자나 후순위 권리자 등과 같은 제3자에게 자신의 임차권을 주장할 수 있는 것을 의미한다.

대항력은 주택의 인도(입주)와 주민등록(전입신고)을 하면 그 다음날부터 효력이 발생한다(주택임대차보호법 제3조 제1항).

임차인은 이러한 요건을 모두 갖추었으나 입주 전 이미 선순위로 저당권자가 있기 때문에 경매처분이 되면 보증금을 받고 이사를 가야 한다.

따라서 주택임대차계약을 할 때는 이러한 점을 유의하여야 한다.

2. 확정일자를 갖춘 임차인은 민사집행법에 의한 경매 시 후순위 권리자 기타 채권자보다 우선하여 보증금을 변제받을 권리가 있다(동법 제3조의2 제2항).

그리고 보증금 중 일정액의 보호제도가 있다. 서울특별시는 보증금이 1억1,000만 원 이하일 때 주택가액의 2분의 1 범위 내에서 3,700만 원까지 최우선변제권이 인정된다. 이러한 보호를 받으려면 주택에 대한 경매신청의 등기 전까지 대항력을 갖추고 있으면 되고 확정일자까지 갖추어야 하는 것은 아니다.

따라서 이 주택이 1억 2천만 원에 경매되면 그 배당순서는 다음과 같다.

(1) 임차인 을: 3,700만 원(보증금 중 일정액의 보호)

(2) 저당권자 A은행: 3,000만 원

(3) 임차인 을: 3,300만 원(확정일자되어 있음)

(4) 저당권자 B은행: 2,000만 원

※ 저당권자 B은행은 1,000만 원을 회수하지 못하게 된다.

3. 임차인 을이 대항력은 갖추었지만 확정일자를 받아 두지 아니한 경우 주택이 1억 2천만 원에 경매되면 그 배당순서는 다음과 같다.

(1) 임차인 을: 3,700만 원(보증금 중 일정액의 보호)

(2) 저당권자 A은행: 3,000만 원

(3) 저당권자 B은행: 3,000만 원

(4) 임차인 을: 2,300만 원(확정일자되어 있지 아니함)

※ 임차인 을은 1,000만 원을 회수하지 못하게 된다. 따라서 주택임대차 계약을 할 때는 대항력을 갖추고 확정일자를 반드시 받아 두어야 한다.

Chapter

7 부동산 거래

너희는 먼저 그의 나라와 의를 구하라.
그리하면 이 모든 것을 너희에게 더하시리라. - 마태복음

제7장

부동산 거래

Ⅰ. 매매계약의 체결

부동산 매매는 매도인이 매수인에게 부동산(토지, 건물)의 소유권이전을 약정하고, 매수인이 매도인에 대하여 대금의 지급을 약정함으로써 이루어지는 계약이다.

매매가 이루어지면 매도인은 소유권이전의무와 목적물인도 의무를 부담하게 되고, 매수인은 대금지급의무를 부담하는데 이들 상호간의 의무는 동시이행의 관계로 하는 것이 일반적이다.

계약금이란 계약을 체결할 때에 매수인이 매도인에게 교부하는 금전 기타의 물건이다. 계약금은 착수금(着手金), 선금(先金) 등의 명칭으로 사용되는 경우도 있다.

Ⅱ. 매매계약의 이행

매매계약을 이행한다는 것은 부동산에 대한 소유권을 이전하는 것을 말하며, 부동산에 대한 소유권이 이전되기 위해서는 소유권이전등기가 행해져야 한다. 소유권이전등기를 위해서는 매도인과 매수인이 함께 등기소에 출석하여 등기를 신청하는 것이 원칙이지만 대부분의 경우 당사자 쌍방이 법무사에게 등기를 위임함으로써 법무사에 의하여 등기가 행하여진다.

그리고 매도인은 매매계약의 이행으로서 등기서류를 교부하는 것과 함께 매매목적물의 점유도 이전하며, 이에 대하여 매수인은 잔금을 지급하게 되는데, 등기서류의 교부와 잔금의 지급은 동시이행의 관계에 있다.

부동산 등기부는 토지 등기부와 건물 등기부가 있다.

등기부는 등기번호란, 표제부, 갑구, 을구로 구성되어 있다.

① 등기번호란

토지나 건물 대지의 지번이 기재되어 있다.

② 표제부

토지 또는 건물의 표시와 그 변경에 관한 사항 즉, 소재지, 면적, 용도, 구조 등이 기재되어 있다.

③ 갑 구

소유권에 관한 사항 즉, 변동 및 변경사항, 압류, 가압류, 경매신청, 가등기, 가처분 등이 기재되어 있다.

④ 을 구

소유권 이외의 권리인 지상권, 전세권, 저당권, 임차권 등에 관한 변동 및 변경사항이 기재되어 있다.

Ⅲ. 매매계약의 해제

1. 중도금 지급 전의 해제

당사자간의 특약이 없으면 매도인은 받은 계약금의 배액을 상환하고, 매수인은 그 계약금을 포기함으로써 계약을 해제할 수 있다.

2. 중도금 지급 후의 해제

매도인은 매수인에게 받은 계약금과 중도금 및 그 법정이자를 상환하고 별도로 손해배상을 하여야 한다.

3. 부동산 이중매매의 효력

주로 문제가 발생하는 것은 중도금 지급 후에 이중매매가 이루어진 경우이다.

매도인이 제1매수인과 계약을 체결한 후 제2매수인에게 먼저 소유권을 이전하여 준 경우 그 효력을 인정할 것인가가 문제이다. 원칙적으로는 자유경쟁이 허용되므로 제2매수인의 소유권취득이 인정된다. 이 경우 이행불능을 이유로 매수인이 계약을 해제하면 매도인은 매수인에게 받은 대금 및 법정이자 반환, 그리고 손해배상을 하여야 한다.

예외적으로 매도인이 이미 제1매수인에게 부동산을 매도하였음을 제2매수인이 잘 알면서도, 매도인에게 이중매매를 적극 권유하여 자기에게 소유권이전등기를 하게 한 경우 윤리적 비난가능성이 존재하는 반사회적 법률행위로 무효가 된다. 이 경우 제1매수인은 그 부동산의 소유권을 취득하게 된다.

관련판례

부동산의 이중매매가 그 매수인(제2매수인)**이 매도인의 배임행위에 적극 가담함으로써 이루어진 때는 반사회적 법률행위로서 무효라는 판례**

부동산의 이중매매가 그 매수인이 매도인의 배임행위에 적극 가담함으로써 이루어진 때는 반사회적 법률행위로서 무효다(대법원 1970.10.23. 선고 70다2038 판결).

IV. 부동산 매매할 때의 유의할 점

1. 매매 계약체결 전 유의사항

(1) 대상 부동산의 공적장부를 열람 또는 교부받아 확인한 후 현장답사를 하여 서류내용과 현장이 일치하는지 여부를 살펴보아야 한다.

공적장부라 함은 등기부등본(등기소), 토지대장 · 가옥대장 · 임야대장, 도시계획확인원, 용도지역확인원(이상 시 · 군 · 구청) 등을 의미한다

(2) 등기부에 근저당권이 설정되어 있는 경우에는 말소하는 조건으로 매수하거나 설정되어 있는 채권금액을 고려하여 매매가액을 정하여야 한다.

근저당권이라 함은 채권최고액을 설정하고 변제기까지 채무변제가 없을 때에는 경매 처분하여 우선 변제를 받을 수 있는 담보물권을 의미한다.

(3) 건물의 경우 임차인이 있는지 여부를 확인하여야 한다.

2. 매매 계약체결 시 유의사항

(1) 계약서 내용은 구체적이며 명백한 문구를 사용하며, 인쇄된 용지를 사용할 경우는 인쇄된 내용을 잘 검토하여야 한다. 필요한 경우는 특약사항을 기재하여야 한다.

(2) 계약 당사자 간에 직접 계약하되, 대리인이 계약한 경우는 정당한 대리인인가를 확인하여야 한다.

(3) 입회인이 있도록 한다.

(4) 토지거래규제 대상지역의 매매 시에는 토지거래허가 절차를 거쳐야 한다.

3. 매매 대금지급 시 유의사항

(1) 계약금은 일반적으로 매매대금의 10%를 지급한다.

(2) 계약금과 중도금을 지급하기 전에 매번 등기부를 확인하여 그 동안의 권리관계에 이상이 있는지 여부를 확인하여야 한다.

(3) 잔금은 매도인의 등기권리증, 매도인의 매매용 인감증명서 등 등기에 필요한 서류를 이전 받으면서 지급하여야 한다.

등기권리증이라 함은 등기를 마쳤다는 등기필증을 의미한다.

인감증명서란 행정 관청이 인감신고자가 현재 사용하는 인감이 신고된 인감임을 증명해 주는 문서를 의미한다. 일반적으로 재산권의 포기나 처분 또는 채무 부담 행위 시 본인의 의사를 확인하기 위한 용도로 사용되고 있다.

V. 부동산매매 계약서(※ 이하 별면으로 처리함)

[서식 2] 부동산매매 계약서

부동산매매 계약서

매도인 ○ ○ ○ (이하 “갑”이라 한다)와 매수인 ○ ○ ○(이하 “을”이라 한다)는 아래 표시의 부동산에 관하여 다음과 같이 합의하여 계약을 체결한다.

1. 부동산의 표시

소재지				
토 지	지 목		면 적	㎡
건 물	구조 및 용도		면 적	㎡

제1조(목적) 갑은 위 부동산을 을에게 매도하고 을은 이를 매수한다.
제2조(매매대금) ① 매매대금은 금 ○ ○ ○원으로 하고 다음과 같이 지급하기로 한다.

2. 계약내용

계 약 금	금 원은 계약체결 시에 지급하고
중 도 금	금 원은 년 월 일에 지급하며
잔 금	금 원은 년 월 일에 지급하기로 함.

② 계약금은 잔금수령 시에 매매대금의 일부로 충당한다.
제3조(소유권이전 및 매매물건의 인도) 갑은 을의 잔금지급과 동시에 소유권이전등기에 필요한 서류를 을에게 교부하고 이전등기절차에 협력하여야 하며 갑의 비용과 책임으로 매매부동산을 을에게 인도하여야 한다.
제4조(근저당권 등의 말소) 갑은 인도 전에 매매부동산상의 근저당권, 전세권, 지상권, 임차권 기타 소유권의 행사를 제한하는 일체의 권리를 말소시켜야 한다.
제5조(부속물의 이전) 갑의 인도 시 매매부동산에 부속된 물건은 매매목적물에 포함된 것으로 한다.
제6조(매도인의 담보책임) 매매부동산은 계약시의 상태를 대상으로 하며 공부상의 표시와 실제가 부합하지 아니하여도 쌍방이 이의를 제기하지 않기로 한다.
제7조(위험부담) ① 매매부동산의 인도 이전에 불가항력으로 인하여 매매부동산이 멸실 또는 훼손되었을 경우에는 그 손해는 갑의 부담으로 한다.
② 제1항의 경우에 계약을 체결한 목적을 달성할 수 없을 때에는 을은 계약을 해제할 수 있으며 이 때 갑은 이미 수령한 대금을 을에게 반환하여야 한다.
제8조(계약의 해제) ① 중도금 지급(중도금약정이 없을 때에는 잔금)전까지 을은 계약금을 포기하고, 갑은 계약금의 배액을 상환하고 계약을 해제할 수 있다.

② 당사자 어느 일방이 본 계약을 위반하여 이행을 태만히 한 경우 상대방은 1주간의 유예기간을 정하여 이행을 최고하고, 일방이 이 최고의 기간 내에 이행을 하지 않을 경우에 상대방은 계약을 해제할 수 있다.

제9조(위약금) 갑이 본 계약을 위반하였을 때에는 계약금으로 받은 금액의 2배를 을에게 주기로 하고, 을이 본 계약을 위반하였을 때에는 계약금이 갑에게 귀속된다.

제10조(비용) 매도증서 작성비용 및 이에 부대하는 비용은 갑이 부담하고 소유권이전등기에 필요한 등록세 등의 비용은 을이 부담한다.

제11조(공과금 등) 매매물건에 부과되는 조세공과 · 제비용 및 매매물건에서 발생하는 수익은 모두 인도일을 기준으로 하여 그 전일까지 생긴 부분은 갑에게 귀속하고 그 이후부터는 을에게 귀속한다.

제12조(관할 법원) 이 계약에 관한 분쟁이 발생할 시에는 소송의 관할법원은 매매부동산의 소재지를 관할하는 법원으로 한다.

이 계약을 증명하기 위하여 계약서 2통을 작성하여 각각 갑과 을이 서명 · 날인한 후 1통씩 보관한다.

20　　년　　월　　일

매도인	주 소					
	성 명	인	주민등록번호	—	전 화 번 호	
매수인	주 소					
	성 명	인	주민등록번호	—	전 화 번 호	
입회인	주 소					
	성 명	인	주민등록번호	—	전 화 번 호	

(출처: 법무부, 한국인의 법과 생활)

§§관련조문

***민 법**

제103조[반사회질서의 법률행위] 선량한 풍속 기타 사회질서에 위반한 사항을 내용으로 하는 법률행위는 무효로 한다.

제543조[해지, 해제권] ① 계약 또는 법률의 규정에 의하여 당사자의 일방이나 쌍방이 해지 또는 해제의 권리가 있는 때에는 그 해지 또는 해제는 상대방에 대한

의사표시로 한다.
② 전항의 의사표시는 철회하지 못한다.
제544조[이행지체와 해제] 당사자 일방이 그 채무를 이행하지 아니하는 때에는 상대방은 상당한 기간을 정하여 그 이행을 최고하고 그 기간 내에 이행하지 아니한 때에는 계약을 해제할 수 있다. 그러나 채무자가 미리 이행하지 아니할 의사를 표시한 경우에는 최고를 요하지 아니한다.
제545조[정기행위와 해제] 계약의 성질 또는 당사자의 의사표시에 의하여 일정한 시일 또는 일정한 기간 내에 이행하지 아니하면 계약의 목적을 달성할 수 없을 경우에 당사자 일방이 그 시기에 이행하지 아니한 때에는 상대방은 전조의 최고를 하지 아니하고 계약을 해제할 수 있다.
제546조[이행불능과 해제] 채무자의 책임있는 사유로 이행이 불능하게 된 때에는 채권자는 계약을 해제할 수 있다.
제547조[해지, 해제권의 불가분성] ① 당사자의 일방 또는 쌍방이 수인인 경우에는 계약의 해지나 해제는 그 전원으로부터 또는 전원에 대하여 하여야 한다.
② 전항의 경우에 해지나 해제의 권리가 당사자 1인에 대하여 소멸한 때에는 다른 당사자에 대하여도 소멸한다.
제548조[해제의 효과, 원상회복의무] ① 당사자 일방이 계약을 해제한 때에는 각 당사자는 그 상대방에 대하여 원상회복의 의무가 있다. 그러나 제삼자의 권리를 해하지 못한다.
② 전항의 경우에 반환할 금전에는 그 받은 날로부터 이자를 가하여야 한다.
제549조[원상회복의무와 동시이행] 제536조의 규정은 전조의 경우에 준용한다.
제550조[해지의 효과] 당사자 일방이 계약을 해지한 때에는 계약은 장래에 대하여 그 효력을 잃는다.
제551조[해지, 해제와 손해배상] 계약의 해지 또는 해제는 손해배상의 청구에 영향을 미치지 아니한다.
제563조[매매의 의의] 매매는 당사자 일방이 재산권을 상대방에게 이전할 것을 약정하고 상대방이 그 대금을 지급할 것을 약정함으로써 그 효력이 생긴다.
제565[해약금] ① 매매의 당사자 일방이 계약 당시에 금전 기타 물건을 계약금, 보증금 등의 명목으로 상대방에게 교부한 때에는 당사자간에 다른 약정이 없는 한 당사자의 일방이 이행에 착수할 때까지 교부자는 이를 포기하고 수령자는 그 배액을 상환하여 매매계약을 해제할 수 있다.
② 제551조의 규정은 전항의 경우에 이를 적용하지 아니한다.
제566조[매매계약의 비용의 부담] 매매계약에 관한 비용은 당사자 쌍방이 균분하여 부담한다.

사례문답

1 부동산 매매의 유의할 점과 이중매매의 효력은 어떻게 되는가?

【질 문】

매수인 을은 2남 2녀의 4남매를 둔 가장으로 결혼한 지 10년 만에 드디어 주택을 장만할 수 있게 되어 매도인 갑과 계약체결을 앞두고 있다. 그런데 부동산 매매가 처음이어서 계약체결에서부터 소유권이전등기에 이르기까지 유의할 점에는 어떠한 내용이 있는지 궁금해 하고 있다.

1. 계약체결 하기 전과 계약체결 할 때의 유의할 점은 무엇인가?
2. 잔금 지급할 때의 유의할 점은 무엇인가?
3. 중도금까지 지급하였는데 집값이 상승하자 매도인 갑이 그 주택을 타인(제2매수인)에게 이중으로 매도하고 소유권 등기를 이전하여 주었다면 매수인 을(제1매수인)은 어떻게 대처할 수 있는가?

【해 설】

1. 부동산 매매를 하기 전 매수인은 그 부동산 지번의 지적 확인 및 등기부등본을 비롯한 관련 공적 장부를 교부받아 확인해야 한다. 등기부등본을 보면서 소유자가 맞는지, 은행 등의 근저당권 설정이나 가압류 상태 등을 파악해 두어 계약할 때 이러한 부분을 명확히 하여야 한다.

서류 확인 후에는 현장에 가서 부동산의 상황을 직접 조사하며, 임차인이 있으면 그 계약기간은 어떻게 되며, 보증금은 얼마인지 등을 확인해 두어야 한다.

부동산 매매 계약을 체결할 때에는 등기부상의 소유자와 계약하여야 하고 대리인이 나온 경우는 대리인의 주민등록증, 매도인의 위임장 및 인감증명서를 확인하고 매도인과 연락해 본 후 계약체결을 하는 것이 안전하다.

그리고 계약서의 기재사항 중 대금의 액수 및 지불시기, 부동산의 등기이전시기, 위약 시 손해배상액, 특약사항 등을 점검해 두어야 한다.

2. 잔금 지급할 때의 유의할 점은 다음과 같다.

(1) 계약 후 잔금지급까지의 기간이 2~ 3개월 소요될 수 있어서 부동산에 권리변동이 있을 수 있으므로 등기부등본을 재확인하여야 한다.

(2) 잔금 지급 시 매도인의 등기필증(등기권리증, 집문서), 매매용 인감증명서를 받아 두어야 한다. 등기 이전 시기는 처음 주택 마련이 아닐 경우 양도소득세 등을 고려해서 신중하게 선택하여야 한다.

3. 부동산 이중매매란 매도인이 동일한 부동산을 여러 사람에게 매매한 경우를 말하며, 이러한 경우 제1매수인과 제2매수인 중 누가 소유권을 취득할 것인가 하는 것이 문제가 된다.

부동산의 이중매매는 중도금 지급 전, 후에 따라 손해배상의 범위에 차이가 있게 된다.

(1) 중도금 지급 전의 부동산 이중매매

매도인은 제1매수인에게 받은 계약금의 배액을 상환하고 매매계약을 해제할 수 있고 매수인은 계약금을 포기함으로써 해제가 가능하다(민법 제565조).

(2) 중도금 지급 후의 부동산 이중매매

원칙적으로 자유경쟁이 허용되므로 매도인이 주택가격 상승 등으로 인해 부동산 이중매매를 하고 제2매수인에게 소유권이전등기를 해주었다면 제2매수인이 소유권을 취득하게 된다. 이 경우 제1매수인은 이행불능이라는 채무불이행 사유를 이유로 계약을 해제하고 손해배상을 청구할 수 있다.

예외적으로 제2매수인이 제1매수인과 매매된 내용을 알면서도 매도인을 권유하여 이중매매를 하도록 한 경우에는 윤리적으로 비난받을 만한 행동이라 할 수 있다. 이 경우 매도인과 제2매수인과의 계약은 반사회질서 행위로 무효가 된다(민법 제103조). 제1매수인은 잔금을 지급하고 부동산 소유권을 취득하게 된다.

따라서 제1매수인 을은 매도인 갑에게 계약금과 중도금 및 그 법정이자, 채무불이행으로 인한 손해배상액을 청구할 수 있다. 손해배상액은 통상손해를 의미하며 제1매수인과 제2매수인 간의 매매대금의 차액을 그 내용으로 한다.

예외적으로 제2매수인이 적극 가담하여 매도인으로 하여금 배임행위를 하게 한 경우에는 제1매수인은 잔금을 지급하고 부동산의 소유권을 취득할 수 있게 된다.

Chapter

금 전 거 래 8

Ⅰ. 금전거래의 의의

Ⅱ. 이자의 약정

Ⅲ. 보증제도

Ⅳ. 보증인 보호를 위한 특별법의 주요내용

Ⅴ. 금전거래할 때의 유의할 점

Ⅵ. 금전 소비대차 계약서

Ⅶ. 차용증서

사례문답: 금전거래할 때의 이자지급과 작성하는 문서의 효력

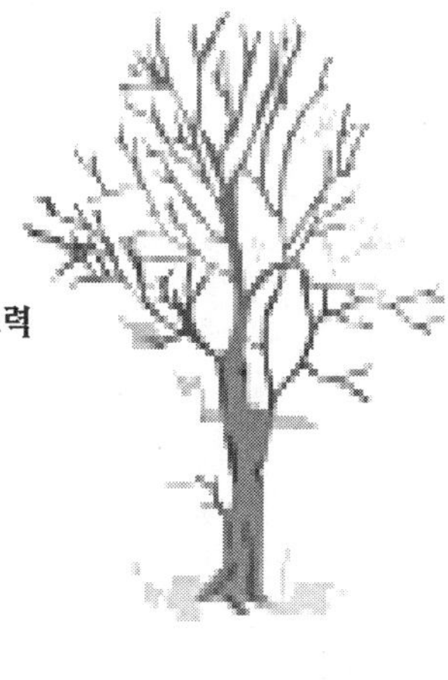

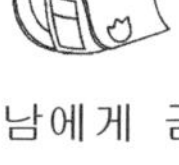

남에게 금전을 빌려 줄 때에는 증인을 세우고,
적선을 할 때에는 아무도 보지 않는 데서 하라.

제8장 금 전 거 래

Ⅰ. 금전거래의 의의

금전거래는 채권자가 금전의 소유권을 채무자에게 이전할 것을 약정하고, 채무자는 이를 반환할 것을 약정함으로써 성립하는 계약이다.

이를 금전 소비대차 계약이라고도 하며, 채권자를 소비대주, 채무자를 소비차주라고 한다.

금전거래에서 중요한 부분은 이자의 약정과 보증에 관한 부분이다. 이자의 약정이 없으면 무이자 금전거래가 되는 것이고 이자의 약정이 있을 때 이자 있는 금전거래가 되는 것이다. 채무자가 그의 채무를 이행하지 않는 경우에 채무자 이외의 제3자로 하여금 대신 이행하게 하는 방법이 보증제도이다.

이러한 보증제도의 보증인을 보호하기 위하여 보증인 보호를 위한 특별법이 제정되어 있다.

Ⅱ. 이자의 약정

1. 약정이율과 법정이율

채권자와 채무자 사이에 이자에 관한 특약의 합의가 있어야 이자 있는 금전거래가 성립된다. 이자율은 약정이 있으면 약정이율에 의하며, 약정이율이 없으면 법률의 규정에 의한 법정이율이 적용된다. 법정이율은 민사채권의 경우 연 5%, 상사채권의 경우 연 6%이다.

약정이율은 지나친 고율의 이자지급 약정을 제한하기 위하여 이자제한법, 대부업의 등록 및 금융이용자보호에 관한 법률(대부업법)에 의해 제한을 받는다.

금전거래 원금이 10만 원 미만인 경우에는 이자제한법이 적용되지 아니한다.

2. 약정이자율의 제한

(1) 제한이율

이자제한법은 이율의 최고한도를 고정시키지 않고 연 25%를 초과하지 아니하는 범위 안에서 대통령령으로 정하도록 하고 있으며, 이에 따른 최고 이자율은 '약정한 때'의 이자율을 의미한다(이자제한법 제2조).

한편 금전소비대차에 있어서 채권자가 받는 원금 이외의 금전은 예금(禮金), 할인금, 수수료, 공제금, 체당금(替當金)등 어떠한 명칭에도 불구하고 이를 이자로 본다(이자제한법 제4조).

현재의 대통령령에 따르면 제한 최고이자율은 연 24%로 정해져 있다(이자제한법 제2조 제1항의 최고이자율에 관한 규정).

대부업 등의 등록 및 금융이용자보호에 관한 법률에서는 대부업자의 개인 또는 소규모 법인에 대한 대부이자율의 최고한도를 연 27.9%의 범위 이내에서 대통령령으로 정하도록 하고 있다. 현재 대부업법 시행령은 최고이자율이 연 24%이다(대부업법 제8조 제1항; 대부업법 시행령 제5조 제2항).

(2) 이자제한 위반의 효과

당사자간의 이자약정이 대통령령으로 정한 제한 최고이자율을 초과하는 부분은 무효로 한다(이자제한법 제2조 제3항).

채무자가 제한 최고이자율을 초과하는 이자를 임의로 지급한 경우에는 초과지급된 이자 상당금액은 원본에 충당되고, 원본이 소멸한 때에는 그 반환을 청구할 수 있다(이자제한법 제2조 제4항).

관련판례

대부업 등록을 하지 않고 사실상 대부업을 영위하는 자에 대하여 이자제한법 제2조 제1항에 정한 최고이자율이 적용된다는 판례

> 이자제한법 제2조 제1항, '이자제한법 제2조 제1항의 최고이자율에 관한 규정'에 의하면 금전대차에 관한 계약상의 최고이자율은 연 30%로 제한되고, 구 이자제한법(2009.1.21. 법률 제9344호로 개정되기 전의 것) 제7조는 다른 법률에 따라 인가·허가·등록을 마친 금융업 및 대부업에는 이자제한법을 적용하지 아니한다고 규정하고 있는바, 위 규정의 문언 내용, 국민경제생활의 안정과 경제정의의 실현을 목적으로 하는 이자제한법의 입법 취지, 미등록 대부업체의 등록을 유도하기 위한 입법 경위 등에 비추어 보면, 구 대부업의 등록 및 금융 이용자 보호에 관한 법률(2009.1.21. 법률 제9344호로 개정되기 전의 것) 제3조의 규정에 의한 대부업의 등록을 하지 아니하고 사실상 대부업을 영위하는 자에 대하여는 이자제한법이 적용되어 이러한 대부업자가 대부를 하는 경우의 최고이자율은 연 30%로 제한된다(대법원 2009.6.11. 선고 2009다12399 판결).

Ⅲ. 보증제도

1. 보증채무의 의의

주채무자가 그의 채무를 이행하지 아니하는 경우에 보증인이 이를 이행하여야 하는 의무를 지는 채무이다. 이러한 보증채무는 채권자와 보증인 간의 보증계약으로 성립하며 보증인의 재산으로 주채무자의 채무를 책임지는 것이다.

2. 보증채무의 성립

보증채무는 주채무의 이행을 담보하는 것이므로 먼저 주채무가 유효하게 성립하여 존재하여야 한다. 장래에 발생할 주채무에 대해서도 보증채무가 성립할 수 있다.

보증인의 자격에는 원칙적으로 아무런 제한이 없으나 채권자와의 계약에 의해 이루어지므로 행위능력이 있을 것을 요한다.

3. 보증채무와 연대보증의 구별

보증채무에서 채권자가 주채무자에게 이행을 청구하지 않고 먼저 보증인에게 채무의 이행을 청구할 경우 보증인은 주채무자의 변제자력이 있는 사실 및 그 집행이 용이하다는 사실을 증명하여, 먼저 주채무자에게 청구할 것(최고의 항변권)과 주채무자의 재산에 대하여 집행할 것(검색의 항변권)을 항변할 수 있다.

이에 대하여 연대보증(채무)은 보증인이 주채무자와 연대하여 채무를 부담하기로 하는 보증채무를 의미한다.

연대보증인은 최고·검색의 항변권을 행사할 수 없으므로 담보력이 더욱 강화된다. 따라서 실거래계에서는 대부분이 연대보증으로 보증계약이 이루어진다.

IV. 보증인 보호를 위한 특별법의 주요내용

1. 제정목적

인간관계나 호의관계에 의하여 쉽게 보증이 이루어지고 있는 현실에 비추어 볼 때, 주채무자의 파산이 그대로 보증인의 재산상태에 영향을 미치게 된다.

이러한 경우 보증인은 경제적·정신적 피해를 받음과 동시에 더 나아가 가정파탄 등의 사태까지 이르게 된다.

이에 따라 보증계약의 체결을 신중하게 하도록 유도하며 보증책임의 범위를 한정할 필요가 있어 2008년 3월 21일 보증인 보호를 위한 특별법이 제정되었다.

2. 보증채무 최고액의 특정 및 보증기간

보증계약을 체결하거나 보증기간을 갱신할 때에는 보증채무의 최고액을 반드시 서면으로 특정하여야 한다(동법 제4조).

보증기간의 약정이 없는 때에는 그 기간을 3년으로 본다. 또한 보증기간은 갱신할 수 있는데, 이 경우 보증기간의 약정이 없는 때에는 그 기간을 3년으로 본다.

보증계약 체결 후 채권자가 보증인의 승낙 없이 채무자에 대하여 변제기를 연장하여 준 경우에는 채권자나 주채무자는 보증인에게 그 사실을 알려주어야 하며, 이 경우 보증인은 즉시 보증채무를 이행할 수 있다(동법 제7조).

3. 채권자의 통지의무

채권자는 주채무자가 원본, 이자 그 밖의 채무를 3개월 이상 이행하지 아니하는 경우 또는 주채무자가 이행기에 이행할 수 없음을 미리 안 경우에는 지체 없이 보증인에게 그 사실을 알려주어야 한다.

채권자는 보증인의 청구가 있으면 주채무의 내용 및 그 이행여부도 보증인에게 통지해 주어야 한다(동법 제5조).

4. 근보증의 경우 채무의 최고액을 서면으로 특정

보증은 채권자와 주채무자 사이의 특정한 계속적 거래계약이나 그 밖의 일정한 종류의 거래로부터 발생하는 채무 또는 특정한 원인에 기하여 계속적으로 발생하는 채무에 대하여도 할 수 있다.

이 경우 그 보증하는 채무의 최고액을 서면으로 특정하여야 하는데 만일 채무의 최고액을 서면으로 특정하지 아니하면 그 보증계약은 효력이 없다(동법 제6조).

5. 금융기관의 보증계약 체결 시 채무자의 신용정보 제시

채무자가 과다한 채무로 사실상 변제능력이 없음에도 보증인은 이를 알지 못한 채 보증계약을 체결하고, 일부 금융기관은 채무자에 대한 신용분석을 소홀히 한 채 보증인의 자력만 믿고 대출하는 경우가 종종 있다.

이러한 피해를 방지하기 위하여 금융기관이 보증계약을 체결할 때에는 보증인에게 채무자의 신용정보를 제시하여 보증인의 기명날인이나 서명을 받도록 하고 있으며, 이에 위반한 계약은 보증인이 해지할 수 있도록 하고 있다(동법 제8조).

Ⅴ. 금전거래할 때의 유의할 점

1. 금전 소비대차 계약서나 차용증서를 작성하고 금전거래를 하여야 한다. 채

무자가 채무이행을 하지 아니할 경우 이러한 서류를 증거로 하여 재판을 통해 강제집행할 수 있기 때문이다.

금전 소비대차 계약서는 당사자가 각각 1통씩 보관하나 차용증서는 1통을 작성하여 채무자가 채권자에게 교부하는 것이 일반적이다. 공증을 받아 두면 재판 없이도 강제집행을 할 수 있어 편리하다.

2. 개인에게 돈을 빌려 줄 경우에도 보증인을 세우거나 부동산 담보에 저당권을 설정하는 것이 안전하다.

3. 전세나 임대차 보증금을 담보로 하는 경우에는 반드시 전세나 임대차 보증금 반환 채권의 양도 계약을 체결하고 임대인을 만나 승낙을 얻거나, 채무자로 하여금 임대인에게 내용 증명 우편으로 통지를 하도록 조치해야만 효력이 생긴다. 단지 채무자의 전세나 임대차 계약서를 받아 놓는 것만으로는 아무런 효력이 없음을 유의하여야 한다.

4. 가정주부와 금전거래를 할 때에는 자녀들의 학비나 식비 등 일상 가사 비용으로 사용된다면 그 남편에게도 그 채무를 이행하라고 할 수 있다.

VI. 금전 소비대차 계약서(※ 이하 별면으로 처리함)

[서식 3] 금전 소비대차 계약서

금 전 소 비 대 차 계 약 서

주 소 시 구 동 번지
대 주 (갑) ○ ○ ○

주 소 시 구 동 번지
차 주 (을) ○ ○ ○

위 당사자 간에 금전 소비대차를 위하여 다음과 같이 계약한다.

1. 갑은 금 원을 을에게 대여하고, 을은 이를 차용한다.
2. 이자는 월 원으로 하되, 을은 매월 말일에 갑에게 이를 지급한다.
3. 원금의 변제기는 년 월 일로 한다.
4. 원금 및 이자의 변제장소는 이 계약체결 당시의 갑의 주소로 한다.
5. 을이 이자의 지급을 1개월이라도 해태한 때에는 을은 제3조의 기한의 이익을 상실한다.
6. 을의 채무이행을 ○ ○ ○가 연대보증한다.
7. 이 계약을 증명하기 위하여 계약서를 3통 작성하여 각자 서명날인 한 후 각각 1통씩 보관한다.

20 년 월 일

주 소
대 주 ○ ○ ○ 인

주 소
차 주 ○ ○ ○ 인

주 소
연대보증인 ○ ○ ○ 인

(출처: 강대성, 새 법과 생활)

VII. 차용증서

[서식 4] 차 용 증 서

차 용 증 서

일금 원정(₩)

1. 위의 금액을 채무자 ○ ○ ○가 차용한다.
2. 변제기는 년 월 일로 한다.
3. 이자는 매월 원으로 하고, 매월 말일에 지급한다.
4. 원금과 이자의 변제장소는 채권자의 주소지로 한다.
5. 이자를 회 이상 연체한 때에는 채무자는 제2조의 기한의 이익을 상실한다.
6. 채무자의 채무이행은 ○ ○ ○ 가 연대보증한다.

20 년 월 일

주소
채무자 ○ ○ ○ 인

주소
연대보증인 ○ ○ ○ 인

주 소
채권자 ○ ○ ○ 귀하

(출처: 강대성, 새 법과 생활)

§§관련조문

＊이자제한법

제1조[목적] 이 법은 이자의 적정한 최고한도를 정함으로써 국민경제생활의 안정과 경제정의의 실현을 목적으로 한다.

제2조[이자의 최고한도] ① 금전대차에 관한 계약상의 최고이자율은 연 25퍼센트를 초과하지 아니하는 범위 안에서 대통령령으로 정한다.

② 제1항에 따른 최고이자율은 약정한 때의 이자율을 말한다.

③ 계약상의 이자로서 제1항에서 정한 최고이자율을 초과하는 부분은 무효로 한다.

④ 채무자가 최고이자율을 초과하는 이자를 임의로 지급한 경우에는 초과 지급된 이자 상당금액은 원본에 충당되고, 원본이 소멸한 때에는 그 반환을 청구할 수 있다.

⑤ 대차원금이 10만원 미만인 대차의 이자에 관하여는 제1항을 적용하지 아니한다.

제3조[이자의 사전공제] 선이자를 사전 공제한 경우에는 그 공제액이 채무자가 실제 수령한 금액을 원본으로 하여 제2조 제1항에서 정한 최고이자율에 따라 계산한 금액을 초과하는 때에는 그 초과부분은 원본에 충당한 것으로 본다.

제4조[간주이자] ① 예금, 할인금, 수수료, 공제금, 체당금, 그 밖의 명칭에도 불구하고 금전의 대차와 관련하여 채권자가 받은 것은 이를 이자로 본다.

② 채무자가 금전대차와 관련하여 금전지급의무를 부담하기로 약정하는 경우 의무발생의 원인 및 근거법령, 의무의 내용, 거래상 일반원칙 등에 비추어 그 의무가 원래 채권자가 부담하여야 할 성질인 때에는 이를 이자로 본다.

제5조[복리약정제한] 이자에 대하여 다시 이자를 지급하기로 하는 복리약정은 제2조 제1항에서 정한 최고 이자율을 초과하는 부분에 해당하는 금액에 대하여는 무효로 한다.

제6조[배상액의 감액] 법원은 당사자가 금전을 목적으로 한 채무의 불이행에 관하여 예정한 배상액을 부당하다고 인정한 때에는 상당한 액까지 이를 감액할 수 있다.

제7조[적용범위] 다른 법률에 따라 인가·허가·등록을 마친 금융업 및 대부업과 「대부업 등의 등록 및 금융이용자 보호에 관한 법률」 제9조의4에 따른 미등록대부업자에 대하여는 이 법을 적용하지 아니한다. 〈개정 2009.1.21〉

제8조[벌칙] ① 제2조 제1항에서 정한 최고이자율을 초과하여 이자를 받은 자는 1년 이하의 징역 또는 1천만원 이하의 벌금에 처한다.

② 제1항의 징역형과 벌금형은 병과할 수 있다.

＊이자제한법 제2조 제1항의 최고이자율에 관한 규정

「이자제한법」 제2조 제1항에 따른 금전대차에 관한 계약상의 최고이자율은 연

24 퍼센트로 한다.

＊보증인 보호를 위한 특별법

제1조[목적] 이 법은 보증에 관하여 「민법」에 대한 특례를 규정함으로써 아무런 대가 없이 호의로 이루어지는 보증으로 인한 보증인의 경제적·정신적 피해를 방지하고, 금전채무에 대한 합리적인 보증계약 관행을 확립함으로써 신용사회 정착에 이바지함을 목적으로 한다.

제2조[정의] 이 법에서 사용하는 용어의 뜻은 다음과 같다.

1. "보증인"이란 「민법」 제429조 제1항에 따른 보증채무(이하 "보증채무"라 한다)를 부담하는 자로서 다음 각 목에서 정하는 경우를 제외한 자를 말한다.

가. 「신용보증기금법」 제2조 제1호에 따른 기업(이하 "기업"이라 한다)이 영위하는 사업과 관련된 타인의 채무에 대하여 보증채무를 부담하는 경우

나. 기업의 대표자, 이사, 무한책임사원, 「국세기본법」 제39조 제2항에 따른 과점주주 또는 기업의 경영을 사실상 지배하는 자가 그 기업의 채무에 대하여 보증채무를 부담하는 경우

다. 기업의 대표자, 이사, 무한책임사원, 「국세기본법」 제39조 제2항에 따른 과점주주 또는 기업의 경영을 사실상 지배하는 자의 배우자, 직계 존속·비속 등 특수한 관계에 있는 자가 기업과 경제적 이익을 공유하거나 기업의 경영에 직접··간접적으로 영향을 미치면서 그 기업의 채무에 대하여 보증채무를 부담하는 경우

라. 채무자와 동업 관계에 있는 자가 동업과 관련한 동업자의 채무를 부담하는 경우

마. 나목부터 라목까지의 어느 하나에 해당하는 경우로서 기업의 채무에 대하여 그 기업의 채무를 인수한 다른 기업을 위하여 보증채무를 부담하는 경우

바. 기업 또는 개인의 신용을 보증하기 위하여 법률에 따라 설치된 기금 또는 그 관리기관이 보증채무를 부담하는 경우

2. "보증계약"이란 그 형식이나 명칭에 관계없이 채무자가 채권자에 대한 금전채무를 이행하지 아니하는 경우에 보증인이 그 채무를 이행하기로 하는 채권자와 보증인 사이의 계약을 말한다.

제3조[보증의 방식] 삭제〈2015.2.3〉

제4조[보증채무 최고액의 특정] 보증계약을 체결할 때에는 보증채무의 최고액을 서면으로 특정하여야 한다. 보증기간을 갱신할 때에도 또한 같다.

제5조[채권자의 통지의무 등] ① 채권자는 주채무자가 원본, 이자 그 밖의 채무를 3개월 이상 이행하지 아니하는 경우 또는 주채무자가 이행기에 이행할 수 없음을 미리 안 경우에는 지체없이 보증인에게 그 사실을 알려야 한다.

② 채권자로서 보증계약을 체결한 금융기관은 주채무자가 원본, 이자 그 밖의 채

무를 1개월 이상 이행하지 아니하는 경우에는 지체없이 그 사실을 보증인에게 알려야 한다.

③ 채권자는 보증인의 청구가 있으면 주채무의 내용 및 그 이행 여부를 보증인에게 알려야 한다.

④ 채권자가 제1항부터 제3항까지의 규정에 따른 의무를 위반한 경우에는 보증인은 그로 인하여 손해를 입은 한도에서 채무를 면한다.

제6조[근보증] ① 보증은 채권자와 주채무자 사이의 특정한 계속적 거래계약이나 그 밖의 일정한 종류의 거래로부터 발생하는 채무 또는 특정한 원인에 기하여 계속적으로 발생하는 채무에 대하여도 할 수 있다. 이 경우 그 보증하는 채무의 최고액을 서면으로 특정 하여야 한다.

② 제1항의 경우 채무의 최고액을 서면으로 특정하지 아니한 보증계약은 효력이 없다.

제7조[보증기간 등] ① 보증기간의 약정이 없는 때에는 그 기간을 3년으로 본다.

② 보증기간은 갱신할 수 있다. 이 경우 보증기간의 약정이 없는 때에는 계약체결 시의 보증기간을 그 기간으로 본다.

③ 제1항 및 제2항에서 간주되는 보증기간은 계약을 체결하거나 갱신하는 때에 채권 자가 보증인에게 고지하여야 한다.

④ 보증계약 체결 후 채권자가 보증인의 승낙 없이 채무자에 대하여 변제기를 연장하여 준 경우에는 채권자나 채무자는 보증인에게 그 사실을 알려야 한다. 이 경우 보증인은 즉시 보증채무를 이행할 수 있다.

제8조[금융기관 보증계약의 특칙] ① 금융기관이 채권자로서 보증계약을 체결할 때에는 「신용정보의 이용 및 보호에 관한 법률」에 따라 종합신용정보집중기관으로부터 제공받은 채무자의 채무관련 신용 정보를 보증인에게 제시하고 그 서면에 보증인의 기명날인이나 서명을 받아야 한다. 보증기간을 갱신할 때에도 또한 같다.

② 금융기관이 제1항에 따라 채무자의 채무관련 신용정보를 보증인에게 제시할 때에는 채무자의 동의를 받아야 한다.

③ 금융기관이 제1항에 따라 보증인에게 채무관련 신용정보를 제시하지 아니한 경우에는 보증인은 금융기관에 대하여 보증계약 체결 당시 채무자의 채무관련 신용정보를 제시하여 줄 것을 요구할 수 있다.

④ 금융기관이 제3항에 따라 채무관련 신용정보의 제시요구를 받은 날부터 7일 이내 에 그 요구에 응하지 아니하는 경우에는 보증인은 그 사실을 안 날부터 1개월 이내에 보증계약의 해지를 통고할 수 있다. 이 경우 금융기관이 해지통고를 받은 날부터 1개월이 경과하면 해지의 효력이 생긴다.

제11조[편면적 강행규정] 이 법에 위반하는 약정으로서 보증인에게 불리한 것은 효력이 없다.

사례문답

1 금전거래할 때의 이자지급과 작성하는 문서의 효력은 어떻게 되는가?

【질 문】

을남은 갑남에게 2019년 3월 30일에 1년 약정을 하고 사업자금으로 3,000만 원을 빌렸다. 이자는 월 2부로 하여 60만 원을 매월 말일에 갑에게 지급하기로 하였다.

1. 이자의 약정이 없었다면 이자의 지급은 어떻게 되는가?
2. 이자의 약정이 있었으나 이자율의 약정이 없었다면 이자의 지급은 어떻게 되는가?
3. 위의 이자율은 이자제한법상의 제한을 받지 않는가?
4. 을남은 6개월 뒤인 9월 30일 빌린 돈을 갚을 수 있게 되어 변제를 하려고 하는데 남은 6개월 분의 이자를 함께 지급하여야 하는가?
5. 차용증서 또는 금전소비대차 계약서만 작성한 경우와 이 서류를 공정증서로 작성한 경우는 어떠한 차이가 있는가?

【해 설】

1. 금전거래(금전소비대차)란 채권자(소비대주)가 금전의 소유권을 채무자(소비차주)에게 이전할 것을 약정하고 채무자는 일정한 기한 내에 반환할 것을 약정하는 계약이다(민법 제598조).

따라서 이자의 약정이 없으면 무이자 금전거래가 되므로 원금만 상환하면 된다.

2. 이자의 약정이 있으면 이자 있는 금전거래가 되며, 이자율의 약정이 없었다면 법정이자율을 적용하게 된다. 민사거래라면 연 5%이고(민법 제379조), 상거래라면 연 6%를 적용하게 된다(상법 제54조).

3. 이자제한법은 이자율의 약정이 있었을 때 지나치게 고율의 이자를 약정할

경우 이를 제한하는 역할을 한다.

이자제한법에 의하면 연 25%를 초과하지 않는 범위 내에서 대통령령으로 정하고 있는데 그 비율이 연 24%이다(이자제한법 제2조).

위의 사례에서 월 2부(2%)라 함은 연 24%가 되므로 이자제한법을 위반하고 있지 아니한 경우이다. 연 24%를 초과하는 이자의 약정일 때 무효가 되며, 이미 이자를 지급한 경우에는 초과하는 범위의 이자를 반환청구 할 수 있다.

4. 채무자가 변제기 전에 상환을 할 경우는 남은 기간에 대해서도 이자를 지급하여야 하는 것이 원칙이다. 일반 개인 간의 거래에서 갚는 달까지의 이자만 내도 허용되는 것은 채권자가 이를 허용하여 주기 때문인 것이다.

민법상 기한의 이익(변제기까지 금전을 사용하는 것)은 이를 포기(미리 갚을 수 있음)할 수 있다. 그러나 상대방(채권자)의 이익(변제기까지 이자 받을 수 있는 권리)을 침해하지 못하도록 하고 있다(민법 제153조 제2항). 따라서 채권자가 요구하면 남은 6개월분의 이자도 함께 지급하여야 한다.

5. 차용증서나 금전소비대차 계약서가 없으면 계약이 있었던 것으로 인정받지 못하는 경우가 있고, 이러한 문서가 있으면 재판의 증거로 활용될 수 있다.

채권자는 채무자가 변제하지 아니한 경우 민사소송을 하여 판결을 받거나 지급명령을 신청하는 등 법적 청구를 할 수 있다.

그러나 위 문서를 가지고 공증인사무소에서 공정증서를 작성하게 되면 판결과 같은 집행력이 있게 된다. 공증을 해두면 공증인사무소에서 집행문을 부여받아 채무자의 재산을 강제집행할 수 있기 때문이다.

따라서 공정증서로 하지 아니한 경우보다 공정증서로 해두면 수수료는 들지만 채무불이행시 법원의 판결을 받아 집행해야 하는 시간과 비용을 줄일 수 있다.

Chapter

9 할 부 거 래

할부거래의 허와 실을 파악하는 것은
재테크의 지름길을 가는 것과 같다.

제9장

할 부 거 래

Ⅰ. 할부거래의 의의

할부거래라 함은 할부계약에 의한 거래를 말하며, 할부계약은 명칭, 형식에 관계없이 재화나 용역(일정한 시설을 이용하거나 용역을 제공받을 수 있는 권리를 포함)을 제공받고 대금을 일정기간에 걸쳐 분할하여 지급하는 계약을 의미한다.

할부계약의 유형은 직접 할부계약, 간접 할부계약, 선불식 할부계약으로 나누어진다.

1. 직접 할부계약

직접 할부계약은 소비자가 사업자에게 재화 등의 대금을 2개월 이상의 기간에 걸쳐 3회 이상 나누어 지급하고, 그 대금을 완납하기 전에 재화의 공급이나 용역의 제공을 받기로 하는 계약을 의미한다.

2. 간접 할부계약

간접 할부계약은 소비자가 신용제공자에게 재화 등의 대금을 지급하고 사업자로부터 재화 등의 공급을 받기로 하는 계약으로 그 방법은 직접 할부계약과 동일하다.

3. 선불식 할부계약

선불식 할부계약은 소비자가 사업자로부터 일정한 용도의 재화 등의 대금을 2개월 이상의 기간에 걸쳐 2회 이상 나누어 지급함과 동시에 또는 지급한 후에 재화 등의 공급을 받기로 하는 계약을 의미한다. 장례 또는 혼례를 위한 용역 및 이에 부수한 재화 등이 그 대상이 된다.

II. 할부거래에 관한 법률의 제정목적

소비자의 충동구매로 인한 철회 등을 보장하고, 불리한 거래조건 등으로 인한 피해를 구제하고자 할부거래에 관한 법률(할부거래법)이 제정되었다.

그 제정목적을 보면 할부계약 및 선불식 할부계약에 의한 거래를 공정하게 함으로써 소비자의 권익을 보호하고 시장의 신뢰도를 높여 국민경제의 건전한 발전에 이바지함을 목적으로 하고 있다(할부거래법 제1조).

III. 할부거래법의 적용범위

할부거래법은 재화나 용역을 그 대상으로 하고 있으므로 토지나 건물 같은 부동산의 할부거래에는 적용되지 아니한다. 또는 사업자가 상행위를 위하여 재화 등의 공급을 받는 상거래에는 이 법을 적용하지 아니한다(동법 제3조).

IV. 할부계약의 체결

1. 계약체결 전의 정보제공

할부거래업자는 할부계약을 체결하기 전에 소비자가 할부계약의 내용을 이해할 수 있도록 일정한 사항을 표시하여야 한다. 일정한 사항은 재화 등의 종류 및 내용, 현금가격, 할부가격, 각 할부금의 금액 · 지급횟수 및 지급시기, 할부수수료의 실제 연간요율 등을 의미하며 이를 명시하여야 한다(동법 제5조). 이를 표시하지 아니하거나 거짓표시를 하면 500만 원 이하의 과태료를 부과한다(동법 제53조 제4항).

2. 할부계약의 서면주의

할부거래업자는 일정한 사항을 기재한 서면으로 할부계약을 체결하여야 하며, 이 계약서를 소비자에게 발급하여야 한다.

일정한 사항의 내용은

① 할부거래업자 · 소비자 및 신용제공자의 성명 및 주소,

② 재화 등의 종류 · 내용 및 공급시기,

③ 현금가격,

④ 할부가격,

⑤ 각 할부금의 금액 · 지급횟수 · 지급기간 및 지급시기,

⑥ 할부수수료의 실제 연간요율,

⑦ 계약금,

⑧ 재화의 소유권 유보에 관한 사항,

⑨ 청약철회의 기한 · 행사방법 · 효과에 관한 사항,

⑩ 할부거래업자의 할부계약 해제에 관한 사항 등이다(동법 제6조).

이러한 내용이 기재된 계약서를 발급하지 아니하거나 거짓으로 작성된 계약서를 발급하면 500만 원 이하의 과태료를 부과한다(동법 제53조 제4항).

V. 소비자의 청약 철회권

1. 청약 철회권의 의의 및 행사 기간

소비자가 할부계약을 체결한 후 재화나 용역을 제공받는 것이 후회가 되어 이를 번복할 수 있는 권리를 청약 철회권이라 한다.

직접, 간접 할부계약 청약 철회권은 다음과 같은 일정기간 내에 행사하여야 한다(동법 제8조 제1항).

(1) 소비자가 계약서를 받은 날부터 7일 이내. 다만, 그 계약서를 받은 날보다 재화 등의 공급이 늦게 이루어진 경우에는 공급 받은 날부터 7일 이내

(2) 계약서를 받지 아니한 경우, 할부거래업자 주소 등이 기재되지 아니한 계

약서를 받은 경우, 주소변경 등의 사유로 철회기간이 경과한 경우에는 그 주소를 안 날 또는 알 수 있었던 날 등 청약 철회를 할 수 있는 날부터 7일 이내

(3) 계약서에 청약의 철회에 관한 사항이 적혀 있지 아니한 경우에는 청약 철회를 할 수 있음을 안 날 또는 알 수 있었던 날부터 7일 이내

(4) 할부거래업자가 청약의 철회를 방해한 경우에는 그 방해 행위가 종료한 날부터 7일 이내

※ 선불식 할부계약은 위의 기산일로부터 14일 이내에 청약 철회권을 행사하여야 한다(동법 제24조 제1항).

2. 청약 철회권 행사 방법

소비자가 청약 철회를 하려면 철회기간 내에 할부거래업자에게 청약을 철회하는 의사표시가 적힌 서면을 발송하여야 한다. 이 경우 일반적으로 내용증명 우편을 이용하나 신용카드로 계약을 체결했을 때는 신용카드 전표 뒷면의 철회 요청서를 사용한다.

3. 청약 철회권 행사의 효력 및 비용 부담

소비자가 청약 철회권을 행사하면 서면을 발송한 날에 그 효력이 발생한다. 따라서 소비자는 이미 공급받은 재화 등을 반환하여야 하며, 할부거래업자는 재화를 공급한 경우 그 재화를 반환받은 날부터 3영업일 이내에 이미 지급받은 계약금 및 할부금을 반환하여야 한다(동법 제10조 제1·2항).

할부거래업자는 소비자가 청약철회를 한 경우 공급 받은 재화 등의 반환에 필요한 비용을 부담하며, 소비자에게 청약의 철회를 이유로 위약금 또는 손해배상을 청구할 수 없다(동법 제10조 제10항).

4. 청약 철회권 행사의 제한

소비자가 다음과 같은 경우에는 청약의 철회를 할 수 없으나 할부거래업자가 승낙한 경우에는 철회가 가능하다.

(1) 소비자에게 책임있는 사유로 재화 등이 멸실되거나 훼손된 경우이다. 다만, 재화 등의 내용을 확인하기 위하여 포장 등을 훼손한 경우는 제외한다.

(2) 사용 또는 소비에 의하여 그 가치가 현저히 낮아질 우려가 있는 것으로서 그 재화 등을 사용 또는 소비한 경우이다(할부거래법 시행령 제6조 제1항).

그 대상은 선박, 항공기, 기차, 전철, 건설기계, 자동차, 냉동기, 전기냉방기, 보일러이다.

(3) 시간 경과로 다시 판매하기 어려울 정도로 재화 등의 가치가 현저히 낮아진 경우이다.

(4) 복제할 수 있는 재화 등의 포장을 훼손할 경우이다.

(5) 거래의 안전을 위하여 대통령령으로 정하는 경우이다(할부거래법 시행령 제6조 제2항).

그 대상은 할부가격이 10만 원 미만인 경우, 신용카드를 이용한 때에는 할부가격이 20만 원 미만인 경우이다.

VI. 할부거래업자의 할부계약의 해제

할부거래업자는 소비자가 할부금 지급의무를 이행하지 아니한 경우에는 할부계약을 해제할 수 있다. 이 경우 매도인은 그 계약을 해제하기 전에 14일 이상의 기간을 정하여 소비자에게 그 이행을 서면으로 최고하여야 한다.

계약이 해제된 경우에는 각 당사자는 그 상대방에 대하여 원상회복의 의무를 진다. 이 경우 상대방이 그 이행의 제공을 할 때까지 자기의 의무이행을 거절할 수 있다. 재화 등의 소유권이 할부거래업자에게 유보된 경우에 그 계약을 해제하지 아니하고는 그 반환을 청구할 수 없다(동법 제11조).

VII. 소비자의 기한의 이익 상실

소비자가 기한의 이익을 상실한다고 하는 것은 연체된 금액과 남은 할부금을 일시불로 지급해야 하는 것을 의미한다. 그 사유로 소비자가 할부금을 다음 지급기일까지 연속하여 2회 이상 지급하지 아니하고, 그 지급하지 아니한 금액이 할부가격의 10%를 초과하는 경우, 생업에 종사하기 위하여 외국에 이주하는 경우와 외국인과의 결혼 및 연고관계로 인하여 외국에 이주하는 경우에는 기한의 이익을 상실한다(동법 제13조, 동법 시행령 제10조).

소비자가 기한이 도래하기 전에 나머지 할부금을 일시에 지급할 때에는 나머지 할부금에서 나머지 기간에 대한 할부수수료를 공제한 금액으로 한다.

§§관련조문

＊할부거래에 관한 법률

제1조[목적] 이 법은 할부계약 및 선불식 할부계약에 의한 거래를 공정하게 함으로써 소비자의 권익을 보호하고 시장의 신뢰도를 높여 국민경제의 건전한 발전에 이바지함을 목적으로 한다.

제2조[정의] 이 법에서 사용하는 용어의 뜻은 다음과 같다.

1.“할부계약”이란 계약의 명칭·형식이 어떠하든 재화나 용역(일정한 시설을 이용하거나 용역을 제공받을 수 있는 권리를 포함한다) (이하 “재화 등”이라 한다)에 관한 다음 각 목의 계약을 말한다.

가. 소비자가 사업자에게 재화의 대금이나 용역의 대가(이하 “재화 등의 대금”이라 한다)를 2개월 이상의 기간에 걸쳐 3회 이상 나누어 지급하고, 재화 등의 대금을 완납하기 전에 재화의 공급이나 용역의 제공(이하 “재화 등의 공급”이라 한다)을 받기로 하는 계약(이하 “직접 할부계약”이라 한다)

나. 소비자가 신용제공자에게 재화 등의 대금을 2개월 이상의 기간에 걸쳐 3회 이상 나누어 지급하고, 재화 등의 대금을 완납하기 전에 사업자로부터 재화 등의 공급을 받기로 하는 계약(이하 “간접 할부계약”이라 한다)

2. “선불식 할부계약”이란 계약의 명칭·형식이 어떠하든 소비자가 사업자로부터 다음 각 목의 어느 하나에 해당하는 재화 등의 대금을 2개월 이상의 기간에 걸쳐 2회 이상 나누어 지급함과 동시에 또는 지급한 후에 재화 등의 공급을 받기로 하는 계약을 말한다.

가. 장례 또는 혼례를 위한 용역(제공시기가 확정된 경우는 제외한다) 및 이에 부수한 재화

나. 가목에 준하는 소비자피해가 발생하는 재화 등으로서 소비자의 피해를 방지하기 위하여 대통령령으로 정하는 재화 등

3. “할부거래”란 할부계약에 의한 거래를 말하며, “할부거래업자”란 할부계약에 의한 재화 등의 공급을 업으로 하는 자를 말한다.

4. "선불식 할부거래"란 선불식 할부계약에 의한 거래를 말하며, "선불식 할부거래업자"란 선불식 할부계약에 의한 재화 등의 공급을 업으로 하는 자를 말한다.

5. "소비자"란 다음 각 목의 어느 하나에 해당하는 자를 말한다.

가. 할부계약 또는 선불식 할부계약에 의하여 제공되는 재화 등을 소비생활을 위하여 사용하거나 이용하는 자

나. 가목 외의 자로서 사실상 가목의 자와 동일한 지위 및 거래조건으로 거래하는 자 등 대통령령으로 정하는 자

6. "신용제공자"란 소비자·할부거래업자와의 약정에 따라 재화 등의 대금에 충당하기 위하여 신용을 제공하는 자를 말한다.

7. "지배주주"란 다음 각 목의 어느 하나에 해당하는 자를 말한다.

가. 대통령령으로 정하는 특수관계인과 함께 소유하고 있는 주식 또는 출자액의 합계가 해당 법인의 발행주식총수 또는 출자총액의 100분의 30 이상인 경우로서 그 합계가 가장 많은 주주 또는 출자자

나. 해당 법인의 경영을 사실상 지배하는 자. 이 경우 사실상 지배의 구체적인 내용은 대통령령으로 정한다.

제3조[적용제외] 이 법은 다음 각 호의 거래에는 적용하지 아니한다.

1. 사업자가 상행위를 위하여 재화 등의 공급을 받는 거래. 다만, 사업자가 사실상 소비자와 같은 지위에서 다른 소비자와 같은 거래조건으로 거래하는 경우는 적용한다.

2. 성질상 이 법을 적용하는 것이 적합하지 아니한 것으로서 대통령령으로 정하는 재화 등의 거래

제4조[다른 법률과의 관계] 할부거래 및 선불식 할부거래에서의 소비자보호와 관련하여 이 법과 다른 법률이 경합하여 적용되는 경우에는 이 법을 우선하여 적용한다. 다만, 다른 법률을 적용하는 것이 소비자에게 유리한 경우에는 그 법률을 적용한다.

제5조[계약체결 전의 정보제공] 할부거래업자는 할부계약을 체결하기 전에 소비자가 할부계약의 내용을 이해할 수 있도록 총리령으로 정하는 바에 따라 다음 각 호의 사항을 표시하여야 한다. 다만, 「여신전문 금융업법」에 따른 신용카드회원과 신용카드가맹점 간의 간접할부계약의 경우에는 제3호, 제4호, 제6호 및 제7호의 사항을 표시하지 아니할 수 있다.

1. 재화 등의 종류 및 내용

2. 현금가격(할부계약에 의하지 아니하고 소비자가 재화 등의 공급을 받은 때에 할부거래업자에게 지급하여야 할 대금 전액을 말한다. 이하 같다)

3. 할부가격(소비자가 할부거래업자나 신용제공자에게 지급하여야 할 계약금과

할부금의 총 합계액을 말한다. 이하 같다)

4. 각 할부금의 금액·지급횟수 및 지급시기

5. 할부수수료의 실제연간요율

6. 계약금(최초지급금·선수금 등 명칭이 무엇이든 할부계약을 체결할 때에 소비자가 할부 거래업자에게 지급하는 금액을 말한다. 이하 같다)

7. 제12조 제1항에 따른 지연손해금 산정 시 적용하는 비율

제6조[할부계약의 서면주의] ① 할부거래업자는 총리령으로 정하는 바에 따라 다음 각 호의 사항을 적은 서면 (「전자거래기본법」 제2조 제1호에 따른 전자문서를 포함한다. 이하 같다)으로 할부계약 을 체결하여야 한다. 다만, 「여신전문금융업법」에 따른 신용카드회원과 신용카드 가맹점 간의 간접할부계약의 경우 제4호, 제5호 중 지급시기 및 제11호의 사항을 적지 아니할 수 있다.

1. 할부거래업자·소비자 및 신용제공자의 성명 및 주소
2. 재화 등의 종류·내용 및 재화 등의 공급 시기
3. 현금가격
4. 할부가격
5. 각 할부금의 금액·지급횟수·지급기간 및 지급시기
6. 할부수수료의 실제 연간요율
7. 계약금
8. 재화의 소유권 유보에 관한 사항
9. 제8조에 따른 청약철회의 기한·행사방법·효과에 관한 사항
10. 제11조 제1항에 따른 할부거래업자의 할부계약의 해제에 관한 사항
11. 제12조 제1항에 따른 지연손해금 산정 시 적용하는 비율
12. 제13조에 따른 소비자의 기한의 이익 상실에 관한 사항
13. 제16조에 따른 소비자의 항변권과 행사방법에 관한 사항

② 할부거래업자는 할부계약을 체결할 경우에는 제1항에 따른 계약서를 소비자에게 발급 하여야 한다. 다만, 「여신전문금융업법」에 따른 신용카드회원과 신용카드가맹점 간의 간접할부계약의 경우 소비자의 동의를 받아 해당 계약의 내용을 팩스나 「전자거래기본법」 제2조 제1호에 따른 전자문서(이하 이 조에서 "전자문서"라 한다)로 보내는 것으로 대신 할 수 있으며, 팩스나 전자문서로 보낸 계약서의 내용이나 도달에 다툼이 있으면 할부 거래업자가 이를 증명하여야 한다.

③ 신용제공자는 제1항 제4호부터 제6호까지, 제9호, 제11호부터 제13호까지의 사항을 적은 서면을 소비자에게 발급하여야 한다.

④ 할부계약이 제1항 각 호의 요건을 갖추지 못하거나 그 내용이 불확실한 경우에는 소비자와 할부거래업자 간의 특약이 없으면 그 계약내용은 어떠한 경우에도 소비자에게 불리하게 해석되어서는 아니 된다.

제8조[청약의 철회] ① 소비자는 다음 각 호의 기간(거래당사자가 그 보다 긴 기간을 약정한 경우에는 그 기간을 말한다) 이내에 할부계약에 관한 청약을 철회할 수 있다.

1. 제6조 제1항에 따른 계약서를 받은 날부터 7일. 다만, 그 계약서를 받은 날보다 재화 등의 공급이 늦게 이루어진 경우에는 재화 등을 공급받은 날부터 7일
2. 다음 각 목의 어느 하나에 해당하는 경우에는 그 주소를 안 날 또는 알 수 있었던 날 등 청약을 철회할 수 있는 날부터 7일
   가. 제6조 제1항에 따른 계약서를 받지 아니한 경우
   나. 할부거래업자의 주소 등이 적혀 있지 아니한 계약서를 받은 경우
   다. 할부거래업자의 주소 변경 등의 사유로 제1호의 기간 이내에 청약을 철회할 수 없는 경우
3. 제6조 제1항에 따른 계약서에 청약의 철회에 관한 사항이 적혀 있지 아니한 경우에 는 청약을 철회할 수 있음을 안 날 또는 알 수 있었던 날부터 7일
4. 할부거래업자가 청약의 철회를 방해한 경우에는 그 방해 행위가 종료한 날부터 7일

② 소비자는 다음 각 호의 어느 하나에 해당하는 경우에는 제1항에 따른 청약의 철회를 할 수 없다. 다만, 할부거래업자가 청약의 철회를 승낙하거나 제6항에 따른 조치를 하지 아니한 경우에는 제2호부터 제4호까지에 해당하는 경우에도 청약을 철회할 수 있다.

1. 소비자에게 책임 있는 사유로 재화 등이 멸실되거나 훼손된 경우. 다만, 재화 등의 내용을 확인하기 위하여 포장 등을 훼손한 경우는 제외한다.
2. 사용 또는 소비에 의하여 그 가치가 현저히 낮아질 우려가 있는 것으로서 대통령령으로 정하는 재화 등을 사용 또는 소비한 경우
3. 시간이 지남으로써 다시 판매하기 어려울 정도로 재화 등의 가치가 현저히 낮아진 경우
4. 복제할 수 있는 재화 등의 포장을 훼손한 경우
5. 그 밖에 거래의 안전을 위하여 대통령령으로 정하는 경우

③ 소비자가 제1항에 따라 청약을 철회할 경우 제1항에 따른 기간 이내에 할부거래 업자에게 청약을 철회하는 의사표시가 적힌 서면을 발송하여야 한다.

④ 제1항에 따른 청약의 철회는 제3항에 따라 서면을 발송한 날에 그 효력이 발생한다.

⑤ 제1항 또는 제2항을 적용함에 있어서 계약서의 발급사실과 그 시기, 재화 등의 공급 사실과 그 시기 및 제2항 각 호 중 어느 하나에 해당하는지 여부에 관하여 다툼이 있는 경우에는 할부거래업자가 이를 입증하여야 한다.

⑥ 할부거래업자는 제2항 제2호부터 제4호까지의 규정에 따라 청약을 철회할 수 없는 재화 등에 대하여는 그 사실을 재화 등의 포장이나 그 밖에 소비자가 쉽게 알 수 있는 곳에 분명하게 표시하거나 시용 상품을 제공하는 등의 방법으로 소비자가 청약을 철회하는 것이 방해 받지 아니하도록 조치하여야 한다.

제10조[청약의 철회 효과] ① 소비자는 제8조에 따라 청약을 철회한 경우 이미 공급받은 재화 등을 반환하여야 한다.

② 소비자가 제8조에 따라 청약을 철회한 경우 할부거래업자(소비자로부터 재화 등의 계약금 또는 할부금을 지급받은 자 또는 소비자와 할부계약을 체결한 자를 포함한다. 이하 이 조에서 같다)는 다음 각 호의 어느 하나에 해당하는 영업일 이내에 이미 지급받은 계약금 및 할부금을 환급하여야 한다. 이 경우 할부거래업자가 소비자에게 재화 등의 계약금 및 할부금의 환급을 지연한 때에는 그 지연기간에 따라 「이자제한법」 에서 정한 이자의 최고한도의 범위에서 대통령령으로 정하는 이율을 곱하여 산정한 지연이자(이하 "지연배상금"이라 한다)를 함께 환급하여야 한다.

1. 재화를 공급한 경우에는 제1항에 따라 재화를 반환 받은 날부터 3영업일
2. 용역을 제공한 경우에는 제8조 제3항에 따른 청약을 철회하는 서면을 수령한 날부터 3영업일

③ 할부거래업자는 제1항의 경우에 이미 용역(일정한 시설을 이용하거나 용역을 제공 받을 권리는 제외한다)이 제공된 때에는 이미 제공된 용역과 동일한 용역의 반환을 청구할 수 없다.

④ 할부거래업자는 간접할부계약의 경우 제8조 제3항에 따른 청약을 철회하는 서면을 수령한 때에는 지체 없이 해당 신용제공자에게 재화 등에 대한 할부금의 청구를 중지 또는 취소하도록 요청하여야 한다. 이 경우 할부거래업자가 신용제공자로부터 해당 재화 등의 대금을 이미 지급받은 때에는 지체 없이 이를 신용제공자에게 환급하여야 한다.

⑤ 신용제공자는 제4항에 따라 할부거래업자로부터 할부금의 청구를 중지 또는 취소 하도록 요청 받은 경우 지체 없이 이에 필요한 조치를 취하여야 한다. 이 경우 소비자가 이미 지불한 할부금이 있는 때에는 지체 없이 이를 환급하여야 한다.

⑥ 할부거래업자가 제4항에 따른 요청을 지연하여 소비자로 하여금 신용제공자에게 할부 금을 지불하게 한 경우 소비자가 지불한 금액에 대하여 소비자가 환급 받는 날까지의 기간에 대한 지연배상금을 소비자에게 지급하여야 한다.

⑦ 신용제공자가 제5항에 따른 환급을 지연한 경우 그 지연기간에 따른 지연배상금을 소비자에게 지급하여야 한다. 다만, 할부거래업자가 제4항에 따른 요청을 지연하여 신용제공자로 하여금 소비자에 대한 할부금의 환급을 지연하게 한 경우에는 그 할부거래업자가 지연배상금을 지급하여야 한다.

⑧ 할부거래업자 또는 신용제공자는 소비자가 청약을 철회함에 따라 소비자와 분쟁이 발생한 경우 분쟁이 해결될 때까지 할부금 지급거절을 이유로 해당 소비자를 약정한 기일 이내에 채무를 변제하지 아니한 자로 처리하는 등 소비자에게 불이익을 주는 행위를 하여서는 아니 된다.
⑨ 할부거래업자는 소비자가 제8조에 따라 청약을 철회한 경우 이미 재화 등이 사용 되었거나 일부 소비된 경우에는 그 재화 등을 사용하거나 일부 소비하여 소비자가 얻은 이익 또는 그 재화 등의 공급에 든 비용에 상당하는 금액으로서 대통령령으로 정하는 범위의 금액을 초과하여 소비자에게 청구할 수 없다.
⑩ 할부거래업자는 소비자가 제8조에 따라 청약을 철회한 경우 공급받은 재화 등의 반환에 필요한 비용을 부담하며, 소비자에게 청약의 철회를 이유로 위약금 또는 손해배상을 청구할 수 없다.
제11조[할부거래업자의 할부계약 해제] ① 할부거래업자는 소비자가 할부금 지급의무를 이행하지 아니하면 할부계약을 해제할 수 있다. 이 경우 할부거래업자는 그 계약을 해제하기 전에 14일 이상의 기간을 정하여 소비자에게 이행할 것을 서면으로 최고하여야 한다.
② 할부거래업자 또는 소비자는 제1항에 따라 할부계약이 해제된 경우에는 상대방에게 원상회복하여 줄 의무를 진다. 이 경우 상대방이 원상회복할 때까지 자기의 의무이행을 거절할 수 있다.
③ 할부거래업자는 재화 등의 소유권이 할부거래업자에게 유보된 경우 그 할부계약을 해제하지 아니하고는 그 반환을 청구할 수 없다.
제13조[소비자의 기한의 이익 상실] ① 소비자는 다음 각 호의 어느 하나에 해당하는 경우에는 할부금의 지급에 대한 기한의 이익을 주장하지 못한다.
  1. 할부금을 다음 지급기일까지 연속하여 2회 이상 지급하지 아니하고 그 지급하지 아니한 금액이 할부가격의 100분의 10을 초과하는 경우
  2. 국내에서 할부금 채무이행 보증이 어려운 경우로서 대통령령으로 정하는 경우
② 할부거래업자 또는 신용제공자가 제1항에 따라 소비자로부터 한꺼번에 지급받을 금액은 나머지 할부금에서 나머지 기간에 대한 할부수수료를 공제한 금액으로 한다. 이 경우 할부수수료는 일단위로 계산한다.
제14조[소비자의 기한전 지급] ① 소비자는 기한이 되기 전이라도 나머지 할부금을 한꺼번에 지급할 수 있다.
② 소비자가 제1항에 따라 할부거래업자 또는 신용제공자에게 지급하는 금액은 제13조 제2항에 따른 금액으로 한다.
제15조[할부대금채권의 소멸시효] 할부계약에 의한 할부대금채권은 3년간 행사하지 아니하면 소멸시효가 완성한다.

제16조[소비자의 항변권] ① 소비자는 다음 각 호의 어느 하나에 해당하는 사유가 있는 경우에는 할부거래업자에게 그 할부금의 지급을 거절할 수 있다.

1. 할부계약이 불성립·무효인 경우
2. 할부계약이 취소·해제 또는 해지된 경우
3. 재화 등의 전부 또는 일부가 제6조 제1항 제2호에 따른 재화 등의 공급 시기까지 소비자에게 공급되지 아니한 경우
4. 할부거래업자가 하자담보책임을 이행하지 아니한 경우
5. 그 밖에 할부거래업자의 채무불이행으로 인하여 할부계약의 목적을 달성할 수 없는 경우
6. 다른 법률에 따라 정당하게 청약을 철회한 경우

② 소비자는 간접할부계약인 경우 제1항 각 호의 어느 하나에 해당하는 사유가 있으면 할부가격이 대통령령으로 정한 금액 이상인 경우에만 신용제공자에게 할부금의 지급을 거절하는 의사를 통지한 후 할부금의 지급을 거절할 수 있다.

③ 소비자가 제2항에 따라 신용제공자에게 지급을 거절할 수 있는 금액은 할부금의 지급을 거절한 당시에 소비자가 신용제공자에게 지급하지 아니한 나머지 할부금으로 한다.

④ 소비자가 제1항에 따른 항변권의 행사를 서면으로 하는 경우 그 효력은 서면을 발송한 날에 발생한다.

⑤ 할부거래업자 또는 신용제공자는 소비자의 항변을 서면으로 수령한 경우 지체 없이 그 항변권의 행사가 제1항에 해당하는지를 확인하여야 한다. 제1항에 해당하지 아니하는 경우 소비자의 항변을 수령한 날부터 다음 각 호의 어느 하나에 해당하는 영업일 이내에 서면으로 소비자의 항변을 수용할 수 없다는 의사와 항변권의 행사가 제1항 각 호의 어느 하나에 해당하지 아니한다는 사실을 소비자에게 서면으로 통지하여야 한다.

1. 할부거래업자는 5영업일
2. 신용제공자는 7영업일

⑥ 할부거래업자 또는 신용제공자가 제5항에 따른 통지를 하지 아니한 경우에는 소비자 의 할부금 지급 거절의사를 수용한 것으로 본다.

⑦ 할부거래업자 또는 신용제공자는 제1항부터 제6항까지의 규정에 따라 소비자가 할부금의 지급을 거절한 경우 소비자와 분쟁이 발생하면 분쟁이 해결될 때까지 할부금 지급 거절을 이유로 해당 소비자를 약정한 기일 이내에 채무를 변제하지 아니한 자로 처리하는 등 소비자에게 불이익을 주는 행위를 하여서는 아니 된다.

제23조[계약체결 전의 정보 제공 및 계약체결에 따른 계약서 발급] ① 선불식 할부거래업자는 선불식 할부계약을 체결하기 전에 소비자가 계약의 내용을 이해할 수 있도록 다음 각 호의 사항을 설명하여야 한다.

1. 선불식 할부거래업자의 상호 · 주소 · 전화번호 · 전자우편주소 · 대표자의 이름
2. 재화 등의 종류 및 내용
3. 재화 등의 가격과 그 지급의 방법 및 시기
4. 재화 등을 공급하는 방법 및 시기
5. 계약금
6. 청약의 철회 및 계약 해제의 기한 · 행사방법 · 효과에 관한 사항 및 청약의 철회 및 계약 해제의 권리 행사에 필요한 서식으로서 총리령으로 정하는 것
7. 소비자 피해보상, 재화 등에 대한 불만 및 소비자와 사업자 사이의 분쟁 처리에 관한 사항
8. 선불식 할부거래에 관한 약관
9. 그 밖에 소비자의 구매 여부 판단에 영향을 주는 거래조건 또는 소비자의 피해구제에 필요한 사항으로서 대통령령으로 정하는 사항

② 선불식 할부거래업자는 선불식 할부계약을 체결할 경우에는 제1항 각 호의 사항을 적은 계약서를 소비자에게 발급하여야 한다.

제24조[소비자의 청약의 철회] ① 소비자는 다음 각 호의 기간(거래당사자가 다음 각 호의 기간보다 긴 기간으로 약정한 경우에는 그 기간을 말한다) 이내에 선불식 할부계약에 관한 청약을 철회할 수 있다.

1. 제23조 제2항에 따른 계약서를 받은 날부터 14일
2. 다음 각 목의 어느 하나에 해당하는 경우에는 그 주소를 안 날 또는 알 수 있었던 날 등 청약을 철회할 수 있는 날부터 14일
    가. 선불식 할부거래업자의 주소 등이 적혀 있지 아니한 계약서를 받은 경우
    나. 선불식 할부거래업자의 주소 변경 등의 사유로 제1호의 기간 이내에 청약을 철회할 수 없는 경우
3. 제23조 제2항에 따른 계약서에 청약의 철회에 관한 사항이 적혀 있지 아니한 경우에는 청약을 철회할 수 있음을 안 날 또는 알 수 있었던 날부터 14일
4. 선불식 할부거래업자가 청약의 철회를 방해한 경우에는 그 방해행위가 종료한 날부터 14일
5. 제23조 제2항에 따른 계약서를 받지 아니한 경우에는 계약일부터 3개월

② 소비자가 제1항에 따라 청약을 철회할 경우 제1항에 따른 기간 이내에 선불식 할부 거래업자에게 청약을 철회하는 의사표시가 적힌 서면을 발송하여야 한다.

③ 제1항에 따른 청약의 철회는 제2항에 따라 서면을 발송한 날에 그 효력이 발생한다.

④ 제1항을 적용함에 있어서 계약서의 발급사실과 그 시기 등에 관하여 다툼이 있는 경우에는 선불식 할부거래업자가 이를 입증하여야 한다.

1. 선불식 할부거래업자의 상호 · 주소 · 전화번호 · 전자우편주소 · 대표자의 이름
2. 재화 등의 종류 및 내용
3. 재화 등의 가격과 그 지급의 방법 및 시기
4. 재화 등을 공급하는 방법 및 시기
5. 계약금
6. 청약의 철회 및 계약 해제의 기한 · 행사방법 · 효과에 관한 사항 및 청약의 철회 및 계약 해제의 권리 행사에 필요한 서식으로서 총리령으로 정하는 것
7. 소비자 피해보상, 재화 등에 대한 불만 및 소비자와 사업자 사이의 분쟁 처리에 관한 사항
8. 선불식 할부거래에 관한 약관
9. 그 밖에 소비자의 구매 여부 판단에 영향을 주는 거래조건 또는 소비자의 피해구제에 필요한 사항으로서 대통령령으로 정하는 사항

② 선불식 할부거래업자는 선불식 할부계약을 체결할 경우에는 제1항 각 호의 사항을 적은 계약서를 소비자에게 발급하여야 한다.

제24조[소비자의 청약의 철회] ① 소비자는 다음 각 호의 기간(거래당사자가 다음 각 호의 기간보다 긴 기간으로 약정한 경우에는 그 기간을 말한다) 이내에 선불식 할부계약에 관한 청약을 철회할 수 있다.

1. 제23조 제2항에 따른 계약서를 받은 날부터 14일
2. 다음 각 목의 어느 하나에 해당하는 경우에는 그 주소를 안 날 또는 알 수 있었던 날 등 청약을 철회할 수 있는 날부터 14일
   가. 선불식 할부거래업자의 주소 등이 적혀 있지 아니한 계약서를 받은 경우
   나. 선불식 할부거래업자의 주소 변경 등의 사유로 제1호의 기간 이내에 청약을 철회할 수 없는 경우
3. 제23조 제2항에 따른 계약서에 청약의 철회에 관한 사항이 적혀 있지 아니한 경우에는 청약을 철회할 수 있음을 안 날 또는 알 수 있었던 날부터 14일
4. 선불식 할부거래업자가 청약의 철회를 방해한 경우에는 그 방해행위가 종료한 날부터 14일
5. 제23조 제2항에 따른 계약서를 받지 아니한 경우에는 계약일부터 3개월

② 소비자가 제1항에 따라 청약을 철회할 경우 제1항에 따른 기간 이내에 선불식 할부 거래업자에게 청약을 철회하는 의사표시가 적힌 서면을 발송하여야 한다.

③ 제1항에 따른 청약의 철회는 제2항에 따라 서면을 발송한 날에 그 효력이 발생한다.

④ 제1항을 적용함에 있어서 계약서의 발급사실과 그 시기 등에 관하여 다툼이 있는 경우에는 선불식 할부거래업자가 이를 입증하여야 한다.

⑤ 소비자가 제1항에 따라 청약을 철회한 경우 선불식 할부거래업자는 제2항에 따른 청약철회의 서면을 접수한 날부터 3영업일 이내에 이미 지급받은 계약금 및 할부금을 환급하여야 한다. 이 경우 선불식 할부거래업자가 환급을 지연한 때에는 그 지연기간에 따라 지연배상금을 함께 환급하여야 한다.

제25조[소비자의 선불식 할부계약 해제] ① 소비자가 선불식 할부계약을 체결하고, 그 계약에 의한 재화 등의 공급을 받지 아니한 경우에는 그 계약을 해제할 수 있다.

② 선불식 할부거래업자는 제1항에 따라 계약이 해제된 경우 소비자에게 해제로 인한 손실을 초과하는 위약금을 청구하여서는 아니 된다.

③ 선불식 할부거래업자는 소비자가 다음 각 호의 어느 하나에 해당하는 사유로 계약을 해제하는 경우에는 위약금을 청구하여서는 아니 된다. 〈개정 2010.5.17〉

1. 휴업 또는 폐업신고를 한 때
2. 영업정지 처분을 받은 때
3. 등록이 취소되거나 말소된 때
4. 「은행법」에 따른 은행으로부터 당좌거래의 정지처분을 받은 때
5. 파산 또는 화의 개시의 신청이 있는 때

④ 선불식 할부거래업자는 선불식 할부계약이 해제된 경우에는 해제된 날부터 3영업일 이내에 이미 지급받은 대금에서 위약금을 뺀 금액을 소비자에게 환급하여야 한다. 이 경우 선불식 할부거래업자가 환급을 지연한 때에는 그 지연기간에 따라 지연배상금을 함께 환급하여야 한다.

⑤ 공정거래위원회는 총리령으로 정하는 바에 따라 위약금 및 대금의 환급에 관한 산정기준을 정하여 고시할 수 있다.

제26조[선불식 할부거래업자의 선불식 할부계약 해제] 선불식 할부거래업자는 소비자가 대금 지급의무를 이행하지 아니하면 선불식 할부계약을 해제할 수 있다. 이 경우 선불식 할부거래업자는 그 계약을 해제하기 전에 14일 이상의 기간을 정하여 소비자에게 이행할 것을 서면으로 최고하여야 한다.

제27조[소비자피해보상보험계약 등] ① 선불식 할부거래업자가 제18조에 따라 등록할 경우 소비자로부터 선불식 할부계약과 관련되는 재화 등의 대금으로서 미리 수령한 금액(이하 "선수금"이라 한다)을 보전하기 위하여 다음 각 호의 어느 하나에 해당하는 계약(이하 "소비자피해보상보험계약 등"이라 한다)을 체결하여야 한다.

1. 소비자피해보상을 위한 보험계약
2. 소비자피해보상금의 지급을 확보하기 위한 「은행법」에 따른 은행과의 채무지급 보증 계약
3. 소비자피해보상금의 지급을 확보하기 위한 대통령령으로 정하는 기관(이하

"예치기관" 이라 한다)과의 예치계약

4. 제28조에 따라 설립된 공제조합과의 공제계약

② 제1항에 따라 선불식 할부거래업자가 소비자피해보상보험계약 등에 따라 보전하여야 할 금액(제1항 각 호 중 둘 이상의 계약을 체결한 경우에는 각 계약에 따라 보전되는 금액을 합산한다) 및 그 산정기준은 선수금 합계액의 100분의 50을 초과하지 아니하는 범위에서 대통령령으로 정한다.

③ 누구든지 제1항 제3호에 따른 예치금을 상계 · 압류(가압류를 포함한다)하지 못하며, 선불식 할부거래업자는 대통령령으로 정하는 경우 외에는 예치금을 양도하거나 담보로 제공하여서는 아니 된다.

④ 소비자피해보상보험계약 등에 따라 소비자피해보상금을 지급할 의무가 있는 자(이하 "지급의무자"라 한다)는 다음 각 호의 어느 하나에 해당하는 지급사유가 발생한 경우에는 지체 없이 이를 지급하여야 한다. 정당한 사유 없이 이를 지연한 경우에는 지연배상금을 지급하여야 한다.

1. 선불식 할부거래업자가 폐업한 경우

2. 선불식 할부거래업자가 「은행법」에 따른 은행으로부터 당좌거래의 정지처분을 받은 경우

3. 제21조에 따라 등록이 말소된 경우 및 제40조에 따라 등록이 취소된 경우

4. 그 밖에 선불식 할부거래업자의 채무불이행 등으로 인한 소비자피해보상을 위하여 대통령령으로 정하는 경우

⑤ 예치기관은 제4항에 따른 지급사유가 발생한 경우에는 예치금을 인출하여 해당 선불식 할부거래업자와 선불식 할부계약을 체결한 소비자에게 우선하여 지급하여야 하며, 예치 및 예치금의 지급 등에 대한 구체적인 절차 및 방법에 대하여는 총리령으로 정한다.

⑥ 제1항에 따라 소비자피해보상보험계약 등을 체결한 선불식 할부거래업자 및 지급 의무자는 소비자에게 소비자피해보상 증서를 발급하여야 하며, 그 구체적인 절차 · 발급방법 및 내용 등에 대하여는 총리령으로 정한다.

⑦ 공정거래위원회는 소비자피해보상업무의 감독을 위하여 필요한 경우 지급의무자에게 선수금 보전과 관련된 자료의 제출을 요구할 수 있다.

⑧ 공정거래위원회는 지급의무자의 업무집행 등이 법령에 적합하지 아니한 경우 이의 시정을 명할 수 있고, 그 밖에 소비자의 피해구제 등과 관련하여 필요한 경우에는 적합한 조치를 요구할 수 있다.

⑨ 선불식 할부거래업자는 소비자피해보상보험계약 등을 체결 또는 유지하는 경우 선수금 등의 자료를 제출함에 있어 거짓의 자료를 제출하여서는 아니 된다.

⑩ 그 밖에 소비자피해보상보험계약 등의 운영에 관하여 필요한 사항은 대통령령으로 정한다.

제34조[금지행위] 선불식 할부거래업자는 다음 각 호의 어느 하나에 해당하는 행위를 하여서는 아니 된다.

1. 계약의 체결을 강요하거나 청약의 철회 또는 계약의 해제를 방해할 목적으로 상대방을 위협하는 행위
2. 거짓·과장된 사실을 알리거나 기만적 방법을 사용하여 상대방과의 거래를 유도하거나 청약의 철회 또는 계약의 해제를 방해하는 행위
3. 청약의 철회 또는 계약의 해제를 방해할 목적으로 주소·전화번호 등을 변경하는 행위
4. 분쟁이나 불만처리에 필요한 인력 또는 설비가 부족한 상태를 상당 기간 방치하여 상대방에게 피해를 주는 행위
5. 상대방의 청약이 없음에도 재화 등의 대금을 청구하는 행위
6. 소비자가 계약을 체결할 의사가 없음을 밝혔음에도 전화, 팩스, 컴퓨터통신 등을 통하여 계약체결을 강요하는 행위
7. 소비자피해보상보험계약 등을 체결하지 아니하고 영업하는 행위
8. 소비자피해보상보험계약 등을 체결하지 아니하였음에도 소비자피해보상보험계약 등을 체결한 사실을 나타내는 표지나 이와 유사한 표지를 제작 또는 사용하는 행위
9. 본인의 허락을 받지 아니하거나 허락 받은 범위를 넘어 소비자에 관한 정보를 이용(제3자에게 제공하는 경우를 포함한다)하는 행위. 다만, 다음 각 목의 어느 하나에 해당하는 경우는 제외한다.
   가. 재화 등의 배송 등 소비자와의 계약이행에 불가피한 경우로서 대통령령으로 정하는 경우
   나. 재화 등의 거래에 따른 대금을 정산하기 위하여 필요한 경우
   다. 도용을 방지하기 위하여 본인임을 확인할 때 필요한 경우로서 대통령령으로 정하는 경우
   라. 다른 법률에 따라 불가피한 사유가 있는 경우
10. 소비자가 계약을 해제하였음에도 불구하고 정당한 사유 없이 이에 따른 조치를 지연하거나 거부하는 행위
11. 청약의 철회 또는 계약의 해제와 관련하여 분쟁이 발생한 경우 대금을 지급받기 위하여 소비자에게 위계를 사용하거나 위력을 가하는 행위
12. 자신이 공급하는 재화 등을 소비자가 양도·양수하는 것을 상당한 이유 없이 제한하거나 양도·양수함에 있어 과다한 비용을 부과하는 행위
13. 다른 사람에게 자기의 명의 또는 상호를 사용하여 선불식 할부거래업을 하게 하거나 선불식 할부거래업 등록증을 대여하는 행위

＊할부거래에 관한 법률 시행령

제6조[소비자가 청약의 철회를 할 수 없는 경우] ① 법 제8조 제2항 제2호에서 "대통령령으로 정하는 재화 등"이란 다음 각 호의 어느 하나에 해당하는 재화 등을 말한다.

1. 「선박법」에 따른 선박
2. 「항공안전법」에 따른 항공기
3. 「철도사업법」 및 「도시철도법」에 따른 궤도를 운행하는 차량
4. 「건설기계관리법」에 따른 건설기계
5. 「자동차관리법」에 따른 자동차
6. 설치에 전문인력 및 부속자재 등이 요구되는 것으로서 다음 각 목에 해당하는 재화를 설치한 경우
   가. 「고압가스 안전관리법」 제3조 제4호에 따른 냉동기
   나. 전기 냉방기(난방 겸용인 것을 포함한다)
   다. 보일러

② 법 제8조 제2항 제5호에서 "대통령령으로 정하는 경우"란 다음 각 호의 어느 하나에 해당하는 경우를 말한다.

1. 할부가격이 10만 원 미만인 할부계약. 다만, 「여신전문금융업법」에 따른 신용카드를 사용하여 할부거래를 하는 경우에는 할부가격이 20만 원 미만인 할부계약을 말한다.
2. 소비자의 주문에 따라 개별적으로 제조되는 재화 등의 공급을 목적으로 하는 할부계약

제10조[소비자의 기한의 이익 상실] 법 제13조 제1항 제2호에서 "대통령령으로 정하는 경우"란 다음 각 호의 어느 하나에 해당하는 경우를 말한다.

1. 생업에 종사하기 위하여 외국에 이주하는 경우
2. 외국인과의 혼인 및 연고관계로 인하여 외국에 이주하는 경우

제11조[소비자의 항변권 제한] 법 제16조 제2항에서 "대통령령으로 정한 금액"이란 10만 원을 말한다. 다만, 「여신전문 금융업법」에 따른 신용카드를 사용하여 할부거래를 하는 경우에는 20만 원을 말한다.

사례문답

1 백화점에서 할부로 구입한 물건의 계약철회는 어떻게 하는가?

【질 문】

갑은 을백화점에서 30만 원 하는 의상을 무이자 3개월 할부로 구입하였다. 다음날 그 의상을 보니 충동구매를 한 것 같아 후회가 되었다.

1. 반품을 하고 싶은데 백화점 판매사원은 제품에 하자가 없으므로 안된다고 한다. 어떠한 방법이 있는가?
2. 신용카드로 구매한 경우는 어떻게 되는가?
3. 제품에 하자가 있는 경우이어도 철회기간이 경과하면 반품을 할 수 없는가?

【해 설】

1. 할부매매의 경우 구매가 용이하는 점에서 충동구매가 이루어지기 쉽다. 그래서 이로부터 소비자를 보호하기 위하여 소비자의 청약 철회권을 인정하고 있다. 이 권리는 제품에 하자가 없더라도 인정된다. 다만 철회가 제한받는 품목일 경우는 철회할 수 없는데 의류의 경우에는 이러한 제한을 받지 아니한다.

따라서 이 경우는 목적물을 인도받은 날로부터 7일 이내에 그 청약을 철회할 수 있다(할부거래법 제8조 제1항).

갑은 철회의 의사표시가 기재된 서면(내용증명을 주로 이용함)을 발송하고 물품을 반환하면 된다. 청약의 철회는 서면을 발송한 날에 그 효력이 생긴다(할부거래법 제8조 제4항).

2. 신용카드로 할부결제가 가능해지면서 소비자들에게는 편리한 반면 이에 따른 부작용도 있으므로 소비자 스스로가 권리행사 방법을 잘 알아 둘 필요가 있다.

신용카드를 사용하여 할부거래를 하는 경우에는 할부거래가 20만 원 미만인 경우 청약을 철회할 수 없다(할부거래법 제8조; 할부거래법 시행령 제6조 제2항). 그러나 이 경우 할부가격이 30만 원이었으므로 철회가 가능하다. 철회방법은 백화점의 카드가맹점에 철회요청을 서면으로 발송하고 물품을 반환하면 된다. 목적물의 반환에 필요한 비용은 할부거래업자가 부담하고, 할부거래업자는 소비자에게 위약금 또는 손해배상을 청구할 수 없다.

그리고 위 기간 내에 카드가맹점에 철회 요청한 서면을 첨부하여 철회요청서를 신용카드회사에도 발송하여야 한다. 이를 위반하면 신용카드회사의 대금지급청구에 대항할 수 없게 된다.

본인의 카드가 아닌 친구 또는 가족의 신용카드를 사용하는 경우 신용카드회사로부터 철회권을 인정받지 못하게 되므로 주의하여야 한다.

3. 소비자는 제품에 하자가 있는 경우에는 판매자인 할부거래업자의 할부금 지급청구를 거절할 수 있는 소비자의 항변권이 인정된다.

항변사유는 제품에 하자가 있어 소비자가 요구한 하자담보책임을 할부거래업자가 이행하지 아니하거나 채무불이행으로 인하여 할부거래의 목적을 달성할 수 없는 경우에 해당한다(할부거래법 제16조 제1항 제4호, 제5호).

소비자의 항변권은 청약철회기간에 관계없이 행사할 수 있는 권리이다.

항변권행사를 서면으로 하는 경우 그 효력은 서면을 발송한 날에 발생한다. 다만, 할부가격이 10만 원 미만이거나 신용카드를 사용하여 할부거래를 하는 경우에는 20만 원 미만인 경우 항변권 행사를 할 수 없다(할부거래법 제16조 제2항; 할부거래법 시행령 제11조).

Chapter

신 용 카 드

10

Ⅰ. 신용카드의 의의

Ⅱ. 신용카드업자의 책임

Ⅲ. 신용카드가맹점의 준수사항

Ⅳ. 신용카드의 발급

Ⅴ. 신용카드 부정사용의 유형

Ⅵ. 신용카드 도난, 분실 시의 구제방법

Ⅶ. 신용카드 사용할 때의 유의할 점

◈ 사례문답: 신용카드 도난, 분실의 경우 구제방법 및 보상기관

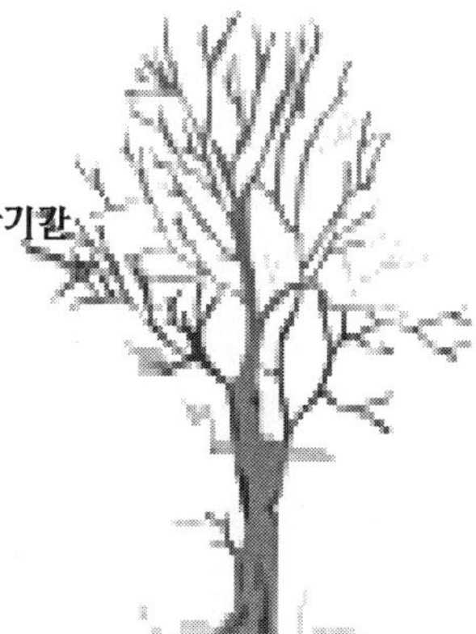

선택 자체는 생각보다 중요하지 않다.
선택 이후에 무엇을 했느냐가 중요하다.

제10장 신용카드

Ⅰ. 신용카드의 의의

신용카드란 카드회원이 카드가맹점에 제시하여 재화 또는 용역의 제공을 받을 수 있는 증표로서 신용카드법의 허가를 받은 신용카드업자가 발행한 카드를 말한다. 제1의 통화를 현금, 제2의 통화를 수표라고 한다면 신용카드는 제3의 통화라고 할 수 있다.

신용카드는 오늘날 필수품의 하나가 되었으며, 편리한 장점이 있는 반면 도난·분실, 부정사용 등으로 인해 피해사례도 증가하고 있는 실정이다.

이러한 점을 고려하여 신용카드업 등을 하는 자의 건전하고 창의적인 발전을 지원함으로써 국민의 금융편의를 도모하고, 국민경제의 발전에 이바지함을 목적으로 여신전문금융업법이 제정되었다(여신전문금융업법 제1조).

Ⅱ. 신용카드업자의 책임

1. 신용카드회원 등에 대한 책임

신용카드업자는 신용카드회원이나 직불카드회원으로부터 그 카드의 도난·분실 등의 통지를 받은 때부터 그 회원에 대하여 그 카드 사용에 따른 책임을 진다(동법 제16조 제1항). 도난·분실 등의 통지를 받은 날부터 60일 전까지의 기간에 생긴 신용카드 사용액에 대해서는 신용카드업자가 책임을 진다(동법 시행령 제6조의 9).

신용카드업자는 신용카드의 도난·분실 등에 대하여 그 책임의 전부 또는 일부를 신용카드회원이 부담하도록 할 수 있다는 특약이 있으면 카드회원으로 하여금 책임지게 할 수 있다. 다만, 카드회원이 저항할 수 없는 폭력이나 자기 또는 친족의 생명·신체에 대한 위해 때문에 비밀번호를 누설한 경우 등 카드회원의 고의 또는 과실이 없는 경우에는 책임을 지지 않는다(동법 제16조 제3항).

2. 신용카드가맹점에 대한 책임

신용카드업자는 다음과 같은 거래에 따른 손실을 카드가맹점에 부담시키지 못하고 직접 책임을 진다(동법 제17조).

그 내용을 보면

① 도난·분실 당한 신용카드 사용

② 위조·변조된 신용카드 사용

③ 해킹, 전산장애, 내부자정보유출 등 부정한 방법으로 얻은 신용카드 등의 정보를 이용하여 신용카드 사용

④ 타인의 명의를 도용하여 발급받은 신용카드 등이 이에 해당한다.

Ⅲ. 신용카드가맹점의 준수사항

신용카드 가맹점은 신용카드로 거래한다는 이유로 카드결제를 거절하거나 신용카드회원을 불리하게 대우해서는 아니된다. 신용카드 가맹점은 카드회원 본인이 정당하게 사용하는 지를 확인하여야 하며, 가맹점수수료를 카드회원에게 부담시켜서도 아니된다(동법 제19조).

Ⅳ. 신용카드의 발급

신용카드업자는 발급신청을 받아야만 신용카드를 발급할 수 있는데 일정한 요건을 갖추어야 한다(동법 제14조).

1. 본인이 신청하여야 한다.

2. 신용카드 한도액이 신용카드업자가 정하는 신용한도 산정기준에 따른 개인 신용한도를 넘지 아니할 것을 요한다.

3. 신용카드의 발급신청일 현재 만19세 이상이어야 한다. 예외적으로 미성년자의 경우는 법정대리인의 동의서, 재직증명·납세증명 등 소득을 증명할 수 있는 서류를 제출하여야 한다(동법 시행령 제6조의7).

미성년자가 법정대리인의 동의 없이 신용카드를 발급받아 사용했을 때 미성년자는 제한능력자로 그 행위를 미성년자 본인 또는 법정대리인이 취소할 수 있다. 취소하게 되면 그 받은 이익이 현존하는 한도 내에서 이를 상환할 책임이 있게 된다(민법 제141조).

Ⅴ. 신용카드 부정사용의 유형

부정사용의 주체	신용카드 부정사용의 유형
1. 본인에 의한 부정사용	(1) 거래대금결제의사와 능력이 없으면서 신용카드를 발급받아 부정사용 (2) 유효 기간이 경과되거나 거래정지로 무효가 된 신용카드의 부정사용 (3) 카드를 제3자에게 양도, 담보제공, 대여, 이용위임 등을 하여 이루어지는 부정사용 (4) 허위 도난·분실신고에 의한 부정사용
2. 제3자에 의한 부정사용	(1) 도난·분실에 의해 이루어진 제3자의 부정사용 (2) 신용카드 우송 중 망실사고에 의해 이루어진 부정사용 (3) 위조·변조, 허위 매출전표 유통, 불법 카드가맹점 개설에 의한 부정사용
3. 신용카드 가맹점에 의한 부정사용	(1) 사채업자가 신용카드가맹점과 공모하여 신용카드로 카드회원에게 현금을 대출하여 주는 부정사용 (2) 자기의 매출내역을 다른 카드가맹점 명의로 매출전표를 작성하여 대금을 청구하는 부정사용 (3) 신용카드가맹점이 매출전표를 위조하거나 이중으로 발행하여 매출을 가장하는 부정사용

VI. 신용카드 도난, 분실 시의 구제방법

1. 카드발행회사에 신고를 한다.

전화 또는 직접 방문하여 신고하여야 한다.

이 경우 카드사는 신고접수자, 접수번호, 신고지점 등을 카드회원에게 알려주며 카드 회원은 이러한 사항을 확인해야 한다.

2. 신고를 한 카드회원이 도난, 분실로 인한 부정사용대금을 보상신청 하고자 할 때는 전자문서 또는 서면으로 신청하여야 한다.

3. 신청을 하면 일반적인 경우는 도난, 분실 신고접수일로부터 60일 전 이후에 발생한 제3자의 부정사용금액에 대하여는 카드사로부터 보상을 받을 수 있다. 현금인출 및 현금서비스와 비밀번호를 이용하는 거래의 경우에는 신고시점 이후이다.

4. 보상신청 시 카드 1매당 2만 원의 보상처리 수수료를 납부하여야 한다.

5. 신용카드 관련 소비자 상담 전화

- 여신금융협회 Tel: 02) 2011-0700
- 공정거래위원회 소비자 상담센터 Tel: 국번없이 1372

6. 신용카드 관련 피해구제 신청 및 분쟁조정문의

- 한국소비자원 Tel: 043) 880-5500

VII. 신용카드 사용할 때의 유의할 점

1. 신용카드 수령 즉시 카드 뒷면에 서명을 하여야 한다.

카드도난이나 분실 시 서명을 하지 아니한 경우에는 신고를 하더라도 피해금액에 대해 전액 보상을 받지 못하게 된다.

2. 도난, 분실 등에 대비하여 카드 뒷면 서명부분을 복사하여 따로 보관한다(카드번호, 분실 시 신고전화번호 등도 별도로 기록하여 보관함).

부정매출의 경우 신속히 도난, 분실 신고를 한 경우에는 보호를 받지만 경우에 따라서는 서명의 상이함을 입증하여 보상을 받을 수 있으므로 복사한 서류는 중요한 근거자료가 된다.

3. 비밀번호를 철저히 관리하여야 한다.

신용카드를 도난, 분실했더라도 비밀번호가 노출되지 않으면 현금서비스나 예금인출로 인한 피해를 방지할 수 있다. 따라서 생년월일, 주민등록번호, 집전화번호 등은 제3자에게 쉽게 노출되므로 유의하여야 한다.

4. 카드를 타인에게 빌려 주지 말아야 한다.

신용카드의 양도, 대여, 담보제공(카드깡) 등으로 인해 신용카드가 부정사용된 경우나 가족 등에 의해 부정사용된 경우에는 도난, 분실 시에 보상을 받을 수 없다.

5. 카드로 대금을 계산할 때 거래 내용을 확인하고 서명하여야 한다. 영수증은 카드대금 청구가 올 때까지 보관하여 청구금액과 대조하여야 한다.

6. 신용변동사항은 수시로 체크하여야 한다.

유효기간, 이용한도 등은 잘 파악해두어 급하거나 필요한 때에 카드를 사용하지 못하는 일이 없어야 한다.

7. 신용카드를 사용하지 아니할 때는 완전히 절단하여 버리고 카드사에 해지신청을 하도록 한다.

8. 주소지나 근무지를 옮길 경우 카드사에 변경사실을 통지해 주는 것이 좋다. 다른 사람이 카드를 받아 도용할 수 있기 때문이다.

9. 카드사용 시 카드사용내역을 본인에게 즉시 알려주는 서비스를 이용한다.

관련조문

＊여신전문금융업법

제14조[신용카드 · 직불카드의 발급] ① 신용카드업자는 발급신청을 받아야만 신용카드나 직불카드를 발급할 수 있다. 다만, 이미 발급한 신용카드나 직불카드를 갱신하거나 대체 발급하는 것에 대하여 대통령령으로 정하는 바에 따라 신용카드회원이나 직불카드회원의 동의를 받은 경우에는 그러하지 아니하다.

② 신용카드업자는 제1항에 따른 발급신청이 다음 각 호의 요건을 갖추고 있는지를 확인하여야 한다. 다만, 제2호는 신용카드 발급신청인 경우에만 적용한다.

1. 본인이 신청할 것

2. 신용카드 한도액이 신용카드업자가 정하는 신용한도 산정기준(다음 각 목의 사항이 포함되어야 한다)에 따른 개인신용한도를 넘지 아니할 것

가. 소득과 재산에 관한 사항

나. 타인에 대한 지급 보증에 관한 사항

다. 신용카드이용대금을 결제할 수 있는 능력에 관한 사항

라. 신청인이 신용카드 발급 당시 다른 금융기관으로부터 받은 신용공여액에 관한 사항

마. 그 밖에 신용한도 산정에 중요한 사항으로서 대통령령으로 정하는 사항

③ 신용카드업자는 다음 각 호의 요건을 갖춘 자에게 신용카드를 발급할 수 있다.

1. 제2항 각 호의 요건을 갖춘 자
2. 신용카드의 발급신청일 현재 대통령령으로 정하는 연령 이상인 자
3. 그 밖에 신용카드 발급에 중요한 요건으로서 대통령령으로 정하는 요건을 갖춘 자

④ 신용카드업자는 다음 각 호의 방법으로 신용카드회원을 모집하여서는 아니 된다.

1. 「방문판매 등에 관한 법률」 제2조 제5호에 따른 다단계판매를 통한 모집
2. 인터넷을 통한 모집방법으로서 대통령령으로 정하는 모집
3. 그 밖에 대통령령으로 정하는 모집

⑤ 신용카드업자는 신용카드나 직불카드를 발급하는 경우 그 약관과 함께 신용카드회원이나 직불카드회원의 권익을 보호하기 위하여 필요한 사항으로서 대통령령으로 정하는 사항을 신청자에게 서면으로 내주어야 한다. 다만, 신청자가 동의하면 팩스나 전자문서(「전자거래기본법」 제2조 제1호에 따른 전자문서를 말한다)로 보낼 수 있다.

제15조[신용카드의 양도 등의 금지] 신용카드는 양도 · 양수하거나 질권을 설정할 수 없다.

제16조[신용카드회원 등에 대한 책임] ① 신용카드업자는 신용카드회원이나 직불카드회원으로부터 그 카드의 분실 · 도난 등의 통지를 받은 때부터 그 회원에 대하여 그 카드의 사용에 따른 책임을 진다.

② 신용카드업자는 제1항에 따른 통지 전에 생긴 신용카드의 사용에 대하여 대통령령으로 정하는 기간의 범위에서 책임을 진다.

③ 제2항에도 불구하고 신용카드업자는 신용카드의 분실 · 도난 등에 대하여 그 책임의 전부 또는 일부를 신용카드회원이 지도록 할 수 있다는 취지의 계약을 체결한 경우에는 그 신용카드회원에 대하여 그 계약내용에 따른 책임을 지도록 할 수 있다. 다만, 저항할 수 없는 폭력이나 자기 또는 친족의 생명 · 신체에 대한 위해 때문에 비밀번호를 누설한 경우 등 신용카드회원의 고의 또는 과실이 없는 경우에는 그러하지 아니하다.

④ 신용카드업자는 제1항에 따른 통지를 받은 경우에는 즉시 통지의 접수자, 접수번호, 그 밖에 접수사실을 확인할 수 있는 사항을 그 통지인에게 알려야 한다.

⑤ 신용카드업자는 신용카드회원 등에 대하여 다음 각 호에 따른 신용카드 등의 사용으로 생기는 책임을 진다.

1. 위조되거나 변조된 신용카드 등의 사용

2. 해킹, 전산장애, 내부자정보유출 등 부정한 방법으로 얻은 신용카드 등의 정보를 이용한 신용카드 등의 사용

3. 다른 사람의 명의를 도용하여 발급받은 신용카드 등의 사용(신용카드회원 등의 고의 또는 중대한 과실이 있는 경우는 제외한다)

⑥ 제5항에도 불구하고 신용카드업자가 제5항 제1호 및 제2호에 따른 신용카드 등의 사용에 대하여 그 신용카드회원 등의 고의 또는 중대한 과실을 증명하면 그 책임의 전부 또는 일부를 신용카드회원 등이 지도록 할 수 있다는 취지의 계약을 신용카드회원등과 체결한 경우에는 그 신용카드회원 등이 그 계약내용에 따른 책임을 지도록 할 수 있다.

⑦ 제3항 및 제6항에 따른 계약은 서면으로 한 경우에만 효력이 있으며, 신용카드회원 등의 중대한 과실은 계약서에 적혀 있는 것만 해당한다.

⑧ 신용카드업자는 제1항 · 제2항 · 제5항 및 제17조에 따른 책임을 이행하기 위하여 보험이나 공제(공제)에 가입하거나 준비금을 적립하는 등 필요한 조치를 하여야 한다.

⑨ 제5항 제3호, 제6항 및 제7항에 따른 신용카드회원 등의 고의 또는 중대한 과실의 범위는 대통령령으로 정한다.

⑩ 신용카드회원이 서면으로 신용카드의 이용금액에 대하여 이의를 제기할 경우 신용카드업자는 이에 대한 조사를 마칠 때까지 그 신용카드회원으로부터 그 금액을 받을 수 없다.

제17조[가맹점에 대한 책임] ① 신용카드업자는 다음 각 호의 어느 하나에 해당하는 거래에 따른 손실을 신용카드가맹점이 부담하도록 할 수 없다. 다만, 신용카드업자가 그 거래에 대한 그 신용카드가맹점의 고의 또는 중대한 과실을 증명하면 그 손실의 전부 또는 일부를 신용카드가맹점이 부담하도록 할 수 있다는 취지의 계약을 신용카드가맹점과 체결한 경우에는 그러하지 아니하다.

1. 잃어버리거나 도난 당한 신용카드를 사용한 거래

2. 위조되거나 변조된 신용카드를 사용한 거래

3. 해킹, 전산장애, 내부자정보유출 등 부정한 방법으로 얻은 신용카드 등의 정보를 이용하여 신용카드 등을 사용한 거래

4. 다른 사람의 명의를 도용하여 발급받은 신용카드 등을 사용한 거래

② 제1항 각 호 외의 부분 단서에 따른 계약은 서면으로 한 경우에만 효력이 있으며, 신용카드가맹점의 중대한 과실은 계약서에 적혀 있는 사항만 해당한다.

제18조[거래조건의 주지의무] 신용카드업자는 다음 각 호의 사항을 총리령으로 정하는 방법에 따라 신용카드회원 등과 신용카드가맹점에 알려야 한다.

1. 신용카드업자가 정하는 이자율 · 할인율 · 연체료율 등 각종 요율

2. 신용카드 · 직불카드 이용금액의 결제방법
3. 제16조에 따른 신용카드회원 등에 대한 책임
4. 제17조와 제19조에 따른 신용카드가맹점에 대한 책임과 신용카드가맹점의 준수 사항
5. 그 밖에 총리령으로 정하는 사항

제19조[가맹점의 준수사항] ① 신용카드가맹점은 신용카드로 거래한다는 이유로 신용카드 결제를 거절하거나 신용카드회원을 불리하게 대우하지 못한다.
② 신용카드가맹점은 신용카드로 거래를 할 때마다 그 신용카드를 본인이 정당하게 사용하고 있는지를 확인하여야 한다.
③ 신용카드가맹점은 가맹점수수료를 신용카드회원이 부담하게 하여서는 아니 된다.
④ 신용카드가맹점은 다음 각 호의 어느 하나에 해당하는 행위를 하여서는 아니 된다. 다만, 결제대행업체의 경우에는 제1호 · 제4호 및 제5호를 적용하지 아니하고, 수납대행가맹점의 경우에는 제3호 · 제5호(제2조 제5호의2에 따라 대행하는 행위에 한한다)를 적용하지 아니한다.
1. 물품의 판매 또는 용역의 제공 등이 없이 신용카드로 거래한 것처럼 꾸미는 행위
2. 신용카드로 실제 매출금액 이상의 거래를 하는 행위
3. 다른 신용카드가맹점의 명의를 사용하여 신용카드로 거래하는 행위
4. 신용카드가맹점의 명의를 타인에게 빌려주는 행위
5. 신용카드에 의한 거래를 대행하는 행위
⑤ 결제대행업체는 물품의 판매 또는 용역의 제공 등을 하는 자의 신용정보 및 신용카드에 의한 거래를 대행한 내용을 신용카드업자에게 제공하는 등 대통령령으로 정하는 사항을 지켜야 한다.

＊여신전문금융업법 시행령

제6조의7[신용카드의 발급 및 회원 모집방법 등] ① 법 제14조 제2항 제2호 마목에서 "대통령령으로 정하는 사항"이란 다음 각 호의 사항을 말한다.
1. 신용카드의 발급신청인이 그 신용카드업자나 다른 금융기관(「금융산업의 구조개선에 관한 법률」 제2조에 따른 금융기관을 말한다)에 상환기일 내에 상환하지 못한 채무(이하 "연체채무"라 한다)의 존재 여부
2. 채무가 상환되거나 변제된 경우에는 그 상환방법이나 변제방법
② 법 제14조 제3항 제2호에서 "대통령령으로 정하는 연령 이상인 자"란 「민법」 제4조에 따른 성년 연령 이상인 사람을 말한다. 다만, 다음 각 호의 어느 하나에 해당하는 경우에는 성년 연령 미만인 사람(제2호의 경우에는 18세 이상인 사람을 말하고 제3호의 경우에는 12세 이상인 사람을 말한다)에게도 발급할 수 있다. 〈개

정 2017. 10. 17, 2019. 6. 11〉

1. 「아동복지법」 제38조에 따른 자립지원 등 국가 또는 지방자치단체의 정책적 필요에 따라 불가피하게 신용카드를 발급하여야 하는 경우

2. 발급신청일 현재 재직을 증명할 수 있는 경우

3. 제3항 제1호 나목에 해당하는 신용카드로서 「대중교통의 육성 및 이용촉진에 관한 법률」 제2조 제6호에 따른 교통카드 기능을 이용할 목적으로 발급하는 경우

③ 법 제14조 제3항 제3호에서 "대통령령으로 정하는 요건"이란 다음 각 호의 요건을 말한다.

1. 신용카드의 발급신청일 현재 개인신용등급(「신용정보의 이용 및 보호에 관한 법률」 제4조 제1항 제1호의 신용조회업을 영위하기 위하여 같은 조 제2항에 따라 허가를 받은 자가 책정한 것을 말한다)이 금융위원회가 정하여 고시하는 기준을 충족할 것. 다만, 다음 각 목의 어느 하나에 해당하는 경우에는 이 기준을 적용하지 아니한다.

가. 신용카드이용대금을 결제할 수 있는 능력이 충분하다는 것을 신용카드업자가 객관적인 자료로 확인할 수 있거나, 본인이 증명할 수 있는 경우

나. 직불카드와 신용카드의 기능을 동시에 갖추고 있는 카드로서 카드회원에게 이용 편의를 제공할 목적으로 금융위원회가 정하는 범위의 신용카드 이용한도를 부여한 경우

다. 제2항 단서에 따라 신용카드를 발급받는 경우

2. 본인 여부를 「신용정보의 이용 및 보호에 관한 법률 시행령」 제30조 제3항 후단에 따른 방법으로 확인할 것

④ 법 제14조 제4항 제2호에서 "대통령령으로 정하는 모집"이란 신용카드업자가 「전자서명법」 제2조 제3호에 따른 공인전자서명을 통하여 본인 여부를 확인하지 아니한 신용카드회원 모집을 말한다. 다만, 신청인의 신분증 발급기관 · 발급일 등 본인임을 식별할 수 있는 정보와 본인의 서명을 받는 방법 등으로 본인이 신청하였음을 확인할 수 있는 경우는 제외한다.

⑤ 법 제14조 제4항 제3호에 따라 신용카드업자는 다음 각 호의 방법으로 신용카드회원을 모집해서는 아니 된다.

1. 신용카드 발급과 관련하여 그 신용카드 연회비(연회비가 주요 신용카드의 평균연회비 미만인 경우에는 해당 평균연회비를 말한다)의 100분의 10을 초과하는 경제적 이익을 제공하거나 제공할 것을 조건으로 하는 모집

2. 「도로법」 제2조 및 「사도법」 제2조에 따른 도로 및 사도 등 길거리에서 하는 모집

3. 방문을 통한 모집. 다만, 미리 동의를 받은 후 방문하거나 사업장을 방문하는 경우는 제외한다.

⑥ 제5항 제1호의 평균연회비, 제2호의 길거리의 범위, 제3호 단서의 사전동의 절차 및 사업장의 범위에 관한 사항은 금융위원회가 정하여 고시한다.
⑦ 법 제14조 제5항 본문에서 "대통령령이 정하는 사항"이란 다음 각 호의 사항을 말한다.
1. 연회비, 이자율, 수수료, 이용한도, 결제방법, 결제일, 신용카드 유효기간 및 신용등급수준 등 거래조건
2. 신용카드업자와 신용카드회원 또는 직불카드회원간에 분쟁이 발생한 경우에 신용카드회원 또는 직불카드회원이 이의를 제기하는 절차
3. 신용카드 또는 직불카드의 도난 · 분실, 위조 · 변조가 발생한 경우에 신용카드회원 또는 직불카드회원에게 고의, 과실 또는 중과실이 있는 것으로 인정되는 사항

사례문답

1 신용카드를 도난, 분실한 경우 구제방법 및 보상기간은 어떻게 되는가?

【질 문】

K신용카드 회원인 갑은 2019년 2월 20일 카드를 분실했다. 그런데 외국을 다녀오느라고 2019년 5월 3일이 되어서야 이 사실을 알게 되어 바로 신용카드회사에 분실신고를 하였다.

1. 신용카드를 도난, 분실한 경우 대처방법은 어떻게 되는가?
2. 타인이 그 신용카드를 부정사용한 경우 갑은 어떠한 책임을 지는가?
3. 신용카드회사에서 보상해주지 않는 경우는 어떠한 경우인가?

【해 설】

1. 갑은 신용카드회사에 도난, 분실한 사실을 먼저 전화로 통보하고, 부정사용된 경우 보상을 받으려면 소정 양식에 따라 서면으로 신용카드 회사에 보상 신청을 해야 한다.

신용카드회사에 신고를 할 때에는 신고자의 카드번호, 카드종류, 성명 등을 정확히 알려주고, 신고접수자의 성명, 접수 번호 등을 기록해 둘 필요가 있다. 나중에 이와 관련해 분쟁이 생기더라도 보호받을 수 있는 증거가 되기 때문이다.

보상신청 시 신용카드 1매당 2만원의 보상처리 수수료를 납부하여야 한다.

2. 도난, 분실한 신용카드를 타인이 부정사용한 경우 신고한 신용카드회원은 신고 접수일로부터 60일 전 이후에 발생한 제3자의 부정사용금액에 대해서는 신용카드회사로부터 보상을 받을 수 있다(여신전문금융업법 제16조 제2항, 여신전문금융업법 시행령 제6조의9).

그러나 현금 인출이나 현금서비스 등과 같이 비밀번호를 이용하는 거래의 경우는 원칙적으로 신고 시점 이후에만 보상이 가능하다. 강도사건이 늘어나면서 신용카드 비밀번호 공개가 불가피할 경우가 있다. 그래서 저항할 수 없는 폭력이나 자기 또는 친족의 생명 · 신체에 대한 위협 때문에 비밀번호를 누설한 경우에는 보상이 가능하도록 하고 있다(여신전문금융업법 제16조 제3항).

민법의 기간 계산법(초일 불산입)을 적용해 신고 접수일을 제외하면 60일의 기간이 2019년 3월 4일부터 2019년 5월 2일까지이다.

따라서 위 사례의 경우 신고 접수일이 2019년 5월 3일이므로 이보다 60일 전이 되는 2019년 2월 20일부터 2019년 3월 3일까지 부정사용된 카드대금은 갑이 책임을 져야 한다.

신고접수일로부터 60일 전 이후인 2019년 3월 4일 이후의 부정사용된 카드대금은 신용카드회사로부터 보상을 받을 수 있다.

3. 신용카드회사에서 다음과 같은 경우에는 보상해주지 않는다(여신전문금융업법 시행령 제6조의9).

(1) 고의 또는 중대한 과실로 비밀번호를 누설한 경우

(2) 신용카드를 상품 구매 등을 위장한 현금 융통 등의 부당한 행위(카드깡)나 담보의 목적으로 제공한 경우

(3) 신용카드를 수령하고 카드 뒷면에 서명하지 아니한 상태에서 도난, 분실당한 경우

(4) 본인이 아닌 타인(가족 포함)에게 양도, 대여하여 이루어진 부정사용의 경우

Chapter 11

형사절차

Ⅰ. 형사관계의 기본원리

Ⅱ. 고　　소

Ⅲ. 검찰의 처분종류

Ⅳ. 검찰처분에 대한 불복방법

사례문답

행복이란
저녁 때 돌아갈 집이 있다는 것,
힘들 때 생각할 사람이 있다는 것,
외로울 때 혼자서 부를 노래가 있다는 것이다. － 나태주

제11장

형사절차

Ⅰ. 형사관계의 기본원리

1. 죄형법정주의

아무리 사회적으로 비난받을 만한 행위라 할지라도 국회에서 제정한 법률이 그러한 행위를 범죄로 규정하고 있지 않는 한 처벌할 수 없고, 범죄에 대해 규정한 형벌 이외에는 부과할 수 없다는 원칙으로 법치 국가 형법의 기본 원리이다.

죄형법정주의에 따르면 법이 제정되기 이전의 사건을 법이 제정된 후에 소급하여 처벌할 수 없다.

2. 적법절차원칙

법령의 내용은 물론 그 집행절차도 정당하고 합리적이어야 한다는 원칙으로 헌법에 명시되어 있다.

3. 민사소송과 형사소송의 관계

(1) 판사가 형사재판에서 무죄를 선고했는데, 상대방은 왜 나에게 손해배상을 청구하려고 하는가?

(2) 내가 상대방보다 우수한 변호사를 선임하여 민사재판에서 이겼는데, 왜 상대방은 교도소에 가지 않고 사회생활을 하고 있는가?

(3) 남의 돈을 빌려 간 후 갚지 않는 경우 당연히 교도소에 보내야 하지 않는가?

(4) 상대방이 상해죄로 기소되어 유죄 판결을 받았으면 곧 검찰에서 나의 치료비를 받아 주는가?

II. 고 소

1. 고소의 의미

고소란 범죄로 인한 피해자가 가해자를 수사기관에 범죄혐의사실을 조사하여 처벌해 줄 것을 요구하는 것이다.

자기 또는 배우자의 직계존속(시아버지, 장인 등)은 고소하지 못한다.

(1) 고소권자

피해자 본인이 하는 것이 원칙이고 고소권자가 제한능력자(행위무능력자)이면 법정대리인이 고소권자이다. 피해자가 사망한 때에는 그 배우자, 직계친족, 형제자매가 고소할 수 있으나 피해자가 고소를 원하지 않으면 고소할 수 없다. 고소 또는 고소의 취소는 대리인으로 하여금 하게 할 수 있다.

(2) 친고죄의 고소기간 등

친고죄란 모욕죄 등과 같이 피해자의 고소가 있어야 처벌이 가능한 범죄를 말한다.

친고죄는 범인 또는 범죄사실을 안 날부터 6월내에 해야 한다. 단, 성폭력범죄의처벌및피해자보호등에관한법률상 친고죄(업무상위력 등에 의한 추행, 공중밀집장소에서 추행, 통신매체를 이용한 음란죄)의 경우는 범인을 안 날부터 1년이다.

고소했다가 취하하면 해당 고소 건에 대해서는 다시 고소할 수 없으며, 고소취하는 제1심 판결이 선고되기 전에 해야 하고 공범이 있으면 공범 전부를 고소 또는 고소취하해야 한다.

2. 고소는 어느 수사기관에 하는가

고소인은 피고소인(가해자)의 주소지 관할 경찰서 또는 검찰청에 하는 것이 원칙이다. 주소지가 없으면 거소지, 영업소, 근무지 관할 수사기관에 하고, 그도 없으면 최후주소지 관할 수사기관에 할 수밖에 없다.

특히, 개인적 법익을 침해한 범죄사건(횡령, 배임 등)의 경우에는 검찰청에 고소장이 접수되더라도 1차 조사는 관할 경찰서 조사관이 조사하여 의견서를 첨부한 기록과 증거물을 검찰에 넘기는 것이 일반적이다.

3. 고소방식

고소는 관할 수사기관에 출두하여 구두로 할 수도 있으나 급박한 사정이 있는 경우가 아니면 고소장과 증빙서류를 첨부하여 수사기관에 접수하는 방식으로 하는 것이 일반적이다.

4. 피의자 신문조서 열람 · 수정요구권

수사기관은 고소가 들어오면 고소인을 소환하여 진술을 듣고 고소인 진술조서를 작성하고, 그 다음 피고소인을 불러서 조사하고 조서를 작성하는 것이 일반적인데 이를 피의자 신문조서라 한다. 수사기관에서 작성된 피의자 신문조서는 그 작성에 임의성이 인정되면 증거능력이 인정될 수 있는 중요한 조서이다. 형사소송법은 수사기관으로부터 조사를 받고 작성된 피의자 신문조서에 대한 열람권과 조서내용의 수정을 요구할 수 있는 권리가 보장되어 있으므로 조사를 받고 난 후에는 조서에 서명 · 날인하기 전에 조서를 잘 읽어 보고 수정할 부분이 있으면 수정을 요구하여 정정하도록 해야 한다.

5. 진술거부권(묵비권)

진술거부권이란 묵비권이라고도 하며 피고인 · 피의자가 수사기관의 조사절차나 법원공판절차에서 진술하기를 거부할 수 있는 권리를 말한다. 헌법과 형사소송법상 인정되는 권리이다. 우리 헌법 제12조 제2항은 "모든 국민은 형사상 자기에게 불리한 진술을 강요당하지 않는다." 고 규정하고 있다.

진술거부권은 처음부터 끝까지 진술을 거부할 수도 있고 유리한 것은 진술하고 불리한 것은 진술을 거부할 수도 있다.

형사소송법은 검사나 사법경찰관이 피의자를 조사하기 전에 진술을 거부할 수 있음을 고지하도록 하고 있다. 만약, 이를 고지하지 않고 진술하게 하여 작성된 피의자 신문조서는 증거능력으로 인정되지 않는다.

6. 기소중지

기소중지란 피고소인 또는 중요한 참고인의 소재불명 등으로 수사를 할 수 없을 때, 피고소인의 신병이 확보되거나 참고인 조사가 가능하게 될 때까지 일시적으로 수사를 중지시키는 조치를 말한다. 피의자가 기소중지 상태에서 조사에 응하고자 할 때는 관할 수사기관에 수사개시신청을 하면 된다.

기소중지는 채권의 소멸시효의 중단사유가 될 수 없으며, 공소시효의 중단사유도 아니다.

Ⅲ. 검찰의 처분종류

일반 고소사건의 경우 검찰은 경찰서에서 송치한 사건기록을 기초로 판단하며, 필요하다고 인정될 경우 당사자를 재조사하여 이를 기초로 피고소인에 대한 사건처분결정을 하는 것이 일반적인데 고소사건에 대한 검찰의 처분은 다음과 같은 것들이 있다.

1. 기 소

기소란 피고소인을 법원의 형사재판에 회부하는 것을 말한다.

기소에는 구속 기소, 불구속 기소, 약식명령이 있다. 약식명령은 공판에 회부하지 않고 검사가 피고인에 대한 벌금액을 미리 정하여 법원에 그 벌금형을 내려줄 것을 청구하는 것을 말한다. 법원이 약식명령을 내리면 약식명령서 부본을 검찰과 피고인에게 각 송달하는데 약식명령에 불복이 있으면 약식명령을 받은 날부터 1주일 안에 법원에 정식재판을 청구할 수 있다.

2. 불기소처분

법원의 형사재판에 회부하지 않고 검찰처분으로 사건을 종결하는 것을 말한다. 불기소처분은 다음과 같은 것이 있다.

(1) 기소 유예

혐의는 인정되나 피의자의 나이, 범행동기, 범행 후 정황 등을 참작하여 기소를 유보하는 것을 말한다. 검찰에서 범죄혐의가 인정되는 처분 중에서 가장 가벼운 처분이다.

(2) 무혐의 처분

범죄로 인정될 만한 증거가 없어서 혐의가 없다는 처분이다.

(3) 공소권 없음

범죄 사실은 인정되나 친고죄(모욕죄 등)에 있어 고소인이 고소를 취하하면 처벌이 불가하여 공소를 제기할 수 없거나 공소시효가 만료된 경우에 내리는 처분이다.

Ⅳ. 검찰처분에 대한 불복방법

고소인은 검찰의 불기소처분에 대하여 불복할 수 있다. 불복방법은 처분을 내린 검찰의 사건처분결과통지를 수령한 날로부터 30일 내 관할 고등검찰청에 항고를 할 수 있고, 고등검찰청의 불기소처분에 대해서는 처분결과통지 수령일로부터 30일 내 대검찰청에 재항고를 할 수 있다.

만약, 불법체포, 불법감금, 폭행, 가혹행위를 한 공무원을 고소 · 고발했으나 검사가 불기소처분을 내리면 고소 · 고발인은 불기소처분통지 수령일로부터 10일 내 고등법원에 재정신청을 할 수 있다. 재정신청을 하면 법원에서 선임한 변호사가 공소유지담당 검사가 된다.

1. 영장실질심사청구

구속영장은 검사가 소속검찰청에 대응하는 지방법원판사에게 청구하면 당일 영장담당 판사가 수사기록 등을 심사한 결과 죄를 범하였다고 의심할 만한 상당한 이유가 있고, 주거가 부정하거나 도망 또는 증거인멸의 염려가 있다고 인정될 만한 사유가 있으면 구속영장을 발부하며, 구속의 필요성이 없다고 판단되면 구속영장청구를 기각하게 된다.

그런데 수사기관에 체포영장, 긴급체포, 현행범으로 체포된 피의자는 지방법원에 구속영장이 청구된 경우 지방법원판사 앞에서 변명할 기회를 달라고 청구할 수 있는데 지방법원은 이 청구를 받으면 구속 전에 피의자를 심문하여 구속의 필요성 여부를 따져 본 다음 구속영장발부 여부를 결정하게 되는데 이를 영장실질심사제도 또는 구속 전 피의자 심문제도라 한다. 영장실질심사 청구는 피의자 외에도 변호인, 법정대리인, 배우자, 직계친족, 형제자매, 호주, 가족, 동거인, 고용인도 청구할 수 있으며 피의자의 의사에 반해서도 이 청구를 할 수 있다(형사소송법 제201조 제2항).

이 경우 검사, 사법경찰관은 피의자에 대하여 영장실질심사(피의자 심문)를 신청할 수 있음을 고지하는데 이 때 피의자는 구속 전 판사 앞에서 심문을 받기를 원하면 심문을 받겠다고 말하면 된다.

2. 구속적부심사제도

죄가 없는데도 구속을 당했거나 또는 사건이 경미하고, 주거가 일정하며, 증거인멸의 염려가 없어서 꼭 구속까지 할 사건이 아님에도 불구하고 부당하게 구속을 당한 경우 또는 피해자에게 피해를 모두 변제했거나 피해자와 합의된 경우와 같이 사정이 변경된 경우 법원에 구속이 적당한지, 부당한지를 심사하여 부당하다고 판단되면 석방해 줄 것을 신청하는 것을 구속적부심사청구라 한다.

피의자는 구속 상태에서도 스스로 신청할 수 있고 그 외 배우자, 법정대리인, 형제자매, 가족, 호주, 동거인 등이 신청할 수 있다.

구속적부심청구는 검찰에서 법원에 기소하기 전에 해야 하며 신청하려면 구속적부심청구서와 피의자 신문사항을 작성하여 법원에 청구하면 된다.

3. 보석제도

보석이란 구속기소 된 피고인이 일정한 보증금을 공탁하는 조건으로 석방해

줄 것을 법원에 청구하는 것을 말한다. 구속적부심이 기소 전 신청하는 것과 달리 보석은 법원에 기소 후 신청하는 제도이다.

보석을 청구할 수 있는 자는 피고인, 변호인, 법정대리인, 배우자, 직계친족, 형제자매이다.

보석허가 신청은 보석허가신청서를 작성하여 필요서류를 첨부하여 관할 법원 형사과 접수계에 접수하면 된다.

보석의 청구가 있으면 법원은 다음 이외의 경우에는 보석을 허가하여야 한다(형사소송법 제95조).

① 피고인이 사형, 무기 또는 장기 10년 이상의 징역이나 금고에 해당하는 죄를 범한 때

② 피고인이 누범에 해당하거나 상습범인 죄를 범한 때

③ 피고인이 죄증을 인멸하거나 인멸할 염려가 있다고 믿을 만한 충분한 이유가 있는 때

④ 피고인이 도망하거나 도망할 염려가 있다고 믿을 만한 충분한 이유가 있는 때

⑤ 피고인의 주거가 분명하지 아니한 때

⑥ 피고인이 피해자, 당해 사건의 재판에 필요한 사실을 알고 있다고 인정되는 자 또는 그 친족의 생명·신체나 재산에 해를 가하거나 가할 염려가 있다고 믿을 만한 충분한 이유가 있는 때

단, 법원은 위의 규정에 불구하고 상당한 이유가 있는 때는 직권 또는 신청권자의 청구가 있으면 보석을 허가할 수 있다.

법원은 보석신청이 들어오면 공판기록을 검토하여 보석청구가 이유가 있다고 판단되면 일정액의 보석보증금 납부를 조건으로 보석을 허가한다. 보석보증금은 현금납부와 보증보험증권으로 대체하는 방법 두 가지 중 한 가지를 선택하여 명령을 내리는데 실무상으로는 약 90% 이상이 현금납부명령을 내리는 것으로 보면 무방하다. 보석보증금은 변호인 또는 가족 등이 법원청사 내에 있는 검찰청 공판사무과를 거쳐서 검찰에 직접 납부해야 한다. 보석보증금이 납부되면 검사가 석방을 지휘한다.

보석허가 후 피고인에게 일정한 사유(도망·죄증인멸우려·출석거부·피해자 또는 그 가족 등에 대한 위해 등)가 있는 때와 법원이 정한 조건을 위반 시 보석

허가가 취소되고 보석금은 몰취당하게 된다.

4. 수사기관의 임의동행요구거부권

임의동행이란 경찰관이 범죄를 범했다고 인정되거나 의심이 있는 자에게 수사기관에 동행할 것을 요구하는 것을 말한다. 임의동행요구를 받으면 법관이 발부한 영장이 없는 한 이를 거부할 수 있다.

만약, 본인이 임의동행에 응해서 수사기관에 간 경우라도 수사기관은 일정한 시간이 경과하면(6시간) 귀가조치를 해야 하고 그렇지 않으면 불법감금이 되어 국가를 상대로 손해배상을 청구할 수 있다.

만약, 임의동행을 요구하는 경찰관과 그것을 거부하는 자 사이에 옥신각신하다가 서로 밀고 밀치는 등 몸싸움이 벌어지는 과정에서 경찰관에게 약간의 폭행을 가했더라도 이는 공무집행방해죄 등에 해당되지 않는다는 것이 대법원 판례이다.

공무집행방해죄는 공무원의 적법한 공무수행을 방해한 경우에만 성립되기 때문이다.

5. 출국금지란

출국금지란 법무부장관이 국가의 이익을 해칠 우려가 있다거나 범죄수사를 위해 출국금지가 필요하다고 인정되는 자(기소중지자, 수사 중에 있는 자)에게 국외출국을 금지하는 조치이다.

출국금지 대상자는 다음과 같다.

① 정당한 이유 없이 일정액 이상의 조세체납 자

② 징역 · 금고형의 집행이 종료되지 않은 자

③ 일정액 이상 벌금, 추징금 미납자

④ 형사재판에 계류 중인 자, 형집행정지 중인 자

⑤ 기타 필요하다고 인정되는 자

또한 형사고소와 동시에 출국금지신청이 있을 경우 그 신청에 상당한 이유가 있다고 판단되는 자 등이 그 대상이 될 수 있다.

출국금지통지서를 받은 때는 수령일로부터 10일 내에 법무부장관에게 이의신청할 수 있으며 이의신청이 기각되면 법원에 출국금지처분취소 청구의 소를 제기할 수 있다.

출국금지된 상태에서 출국해야 할 부득이한 사유가 있으면 담당검사로부터 일시출국허가를 받아야 한다.

6. 배상명령신청제도

배상명령이란 어떤 범죄행위로 피해를 입은 자가 가해자의 형사재판 절차에 부대하여 가해자로 하여금 치료비, 기타 물적 손해를 배상하도록 할 것을 신청하는 제도이다.

배상명령은 다음 범죄로 인해 피해를 입은 자가 신청할 수 있다.

① 상해죄, 과실치사, 치사죄

② 절도, 사기, 횡령, 배임, 공갈, 손괴죄

신청자는 피해자 또는 그 상속인이고 제1심 재판이 끝나기 전까지 신청하는 것이 원칙이나 피고인이 항소한 때에는 2심(항소심) 재판이 끝나기 전까지 신청할 수 있다.

배상명령은 직접적인 물적 손해와 치료비만 신청이 가능하고 사람이 사망한 경우 만약, 생존했더라면 법적으로 인정되는 노동가동 연한까지 얻을 수 있는 일실소득에 대한 손해와 위자료는 별도의 민사소송에서 다시 판결을 받아야 한다.

따라서 범죄행위로 사망하거나 큰 부상을 입어 일정한 노동능력이 상실된 경우에는 가해자의 재산에 가압류해 놓고 민사소송으로 손해배상을 청구하는 것이 좋다.

[서식 1] 정식재판청구서

정식재판청구서

사 건
피고인
주 소

위 사건에 관하여 피고인은 200 . . . 약식명령서를 송달받았으나 피고인은 이 명령에 불복하고 정식재판을 청구합니다.

20 . . .

피고인 (인)

서울중앙지방법원 귀중

[서식 2] 고소장

고 소 장

고 소 인　　법　대　로 (주민등록번호기재)
　　　　　　　서울시 ㅇㅇ구 ㅇㅇ동 ㅇㅇ번지
　　　　　　전화번호

피고소인　　나　대　로 (주민등록번호 알고 있으면 기재)
　　　　　　　서울시 ㅇㅇ구 ㅇㅇ동 ㅇㅇ번지
　　　　　　전화번호 : 알고 있으면 기재

고 소 사 실

※ 피고소인과의 관계, 피고소인의 행위사실, 고소인의 피해내용 등을 구체적이고도 간결, 명료하게 기재하면 된다.

20　.　.　.

고소인　ㅇ　ㅇ　ㅇ　(인)

ㅇ ㅇ 경 찰 서 장　귀 중

〈고소사실 기재례〉

1. 고소인은 년 월 일 경 피고소인을 우연히 알게 되었는데, 피고소인은 고소인이 신용상태가 좋지 못하여 신용카드발급을 받을 수 없다는 사실을 알고는 고소인에게 인감증명과 위임장을 피고소인에게 교부해 주면 신용

카드를 발급받게 해주겠다 하므로 고소인은 피고소인에게 년 월 일 인감증명 2통과 백지위임장에 인감증명을 날인하여 피고소인에게 교부해 주었습니다.

2. 그런데 피고소인은 고소인이 교부해 준 인감증명서와 백지위임장을 가지고 고소인 명의로 ○○은행 신용카드 1매를 발급받아 고소인에게 주지 않고 이 신용카드로 500만원의 현금을 임의로 인출받아 사용하고는 잠적해 버리고 말았습니다.

위 사실로 피고소인을 고소합니다.

§§관련조문

＊형사소송법

제95조(필요적 보석)
보석의 청구가 있는 때에는 다음 이외의 경우에는 보석을 허가하여야 한다.
① 피고인이 사형, 무기 또는 장기 10년이 넘는 징역이나 금고에 해당하는 죄를 범한 때
② 피고인이 누범에 해당하거나 상습범인 죄를 범한 때
③ 피고인이 죄증을 인멸하거나 인멸할 염려가 있다고 믿을 만한 충분한 이유가 있는 때
④ 피고인이 도망하거나 도망할 염려가 있다고 믿을 만한 충분한 이유가 있는 때
⑤ 피고인의 주거가 분명하지 아니한 때
⑥ 피고인이 피해자, 당해 사건의 재판에 필요한 사실을 알고 있다고 인정되는 자 또는 그 친족의 생명·신체나 재산에 해를 가하거나 가할 염려가 있다고 믿을 만한 충분한 이유가 있는 때

제201조(구속)
① 피의자가 죄를 범하였다고 의심할 만한 상당한 이유가 있고 제70조 제1항 각 호의 1에 해당하는 사유가 있을 때에는 검사는 관할지방법원판사에게 청구하여

구속영장을 받아 피의자를 구속할 수 있고 사법경찰관은 검사에게 신청하여 검사의 청구로 관할지방법원판사의 구속영장을 받아 피의자를 구속할 수 있다. 다만, 다액 50만원 이하의 벌금, 구류 또는 과료에 해당하는 범죄에 관하여는 피의자가 일정한 주거가 없는 경우에 한한다.
② 구속영장의 청구에는 구속의 필요를 인정할 수 있는 자료를 제출하여야 한다.
③ 제1항의 청구를 받은 지방법원판사는 신속히 구속영장의 발부여부를 결정하여야 한다.
④ 제1항의 청구를 받은 지방법원판사는 상당하다고 인정할 때에는 구속영장을 발부한다. 이를 발부하지 아니할 때에는 청구서에 그 취지 및 이유를 기재하고 서명 날인하여 청구한 검사에게 교부한다.
⑤ 검사가 제1항의 청구를 함에 있어서 동일한 범죄사실에 관하여 그 피의자에 대하여 전에 구속영장을 청구하거나 발부받은 사실이 있을 때에는 다시 구속영장을 청구하는 취지 및 이유를 기재하여야 한다.

제223조(고소권자)
범죄로 인한 피해자는 고소할 수 있다.

제224조(고소의 제한)
자기 또는 배우자의 직계존속을 고소하지 못한다.

제225조(비피해자인 고소권자)
① 피해자의 법정대리인은 독립하여 고소할 수 있다.
② 피해자가 사망한 때에는 그 배우자, 직계친족 또는 형제자매는 고소할 수 있다. 단, 피해자의 명시한 의사에 반하지 못한다.

제226조(동전)
피해자의 법정대리인이 피의자이거나 법정대리인의 친족이 피의자인 때에는 피해자의 친족은 독립하여 고소할 수 있다.

제227조(동전)
사자의 명예를 훼손한 범죄에 대하여는 그 친족 또는 자손은 고소할 수 있다.

제228조(고소권자의 지정)
친고죄에 대하여 고소할 자가 없는 경우에 이해관계인의 신청이 있으면 검사는 10일 이내에 고소할 수 있는 자를 지정하여야 한다.

제229조(배우자의 고소)
①「형법」제241조의 경우에는 혼인이 해소되거나 이혼소송을 제기한 후가 아니면 고소할 수 없다.
② 전항의 경우에 다시 혼인을 하거나 이혼소송을 취하한 때에는 고소는 취소된 것으로 간주한다.

제230조(고소기간)
① 친고죄에 대하여는 범인을 알게 된 날로부터 6월을 경과하면 고소하지 못한다. 단, 고소할 수 없는 불가항력의 사유가 있는 때에는 그 사유가 없어진 날로부터 기산한다.

제231조(수인의 고소권자)
고소할 수 있는 자가 수인인 경우에는 1인의 기간의 해태는 타인의 고소에 영향이 없다.

제232조(고소의 취소)
① 고소는 제1심 판결 선고 전까지 취소할 수 있다.
② 고소를 취소한 자는 다시 고소하지 못한다.
③ 피해자의 명시한 의사에 반하여 죄를 논할 수 없는 사건에 있어서 처벌을 희망하는 의사표시의 철회에 관하여도 전2항의 규정을 준용한다.

제233조(고소의 불가분)
친고죄의 공범 중 그 1인 또는 수인에 대한 고소 또는 그 취소는 다른 공범자에 대하여도 효력이 있다.

제234조(고발)
① 누구든지 범죄가 있다고 사료하는 때에는 고발할 수 있다.
② 공무원은 그 직무를 행함에 있어 범죄가 있다고 사료하는 때에는 고발하여야 한다.

제235조(고발의 제한)
제224조의 규정은 고발에 준용한다.

제236조(대리고소)
고소 또는 그 취소는 대리인으로 하여금 하게 할 수 있다.

제237조(고소, 고발의 방식)
① 고소 또는 고발은 서면 또는 구술로써 검사 또는 사법경찰관에게 하여야 한다.
② 검사 또는 사법경찰관이 구술에 의한 고소 또는 고발을 받은 때에는 조서를 작성하여야 한다.

제238조(고소, 고발과 사법경찰관의 조치)
사법경찰관이 고소 또는 고발을 받은 때에는 신속히 조사하여 관계서류와 증거물을 검사에게 송부하여야 한다.

제239조(준용규정)
전2조의 규정은 고소 또는 고발의 취소에 관하여 준용한다.

사례문답

【질 문】

A는 급한 사정이 생겨 아파트를 처분하려 한다는 B로부터 아파트를 사기로 하고 함께 아파트를 둘러본 뒤 B가 가지고 있는 등기부등본을 확인하고 매매계약을 맺었다. A는 B에게 계약금과 중도금을 지불했고, 마지막으로 잔금을 지불하고 등기명의를 이전받기로 한 날 B의 아파트로 찾아갔다.

그런데 C가 나타나 자신이 아파트의 주인이며 외국출장을 마치고 돌아오는 길이라고 했다. 확인해 보니 C의 말이 사실이었고 B는 A를 상대로 사기행위를 한 것이었다.

이 경우 A는 B를 상대로 어떤 법적 대응책을 취할 수 있을까?

【해 설】

먼저 A는 B로부터 금전적인 손해를 입었기 때문에 계약이행이나 손해배상 등을 목적으로 민사소송을 제기할 수 있다. 또 B는 A에게 범죄행위를 저질렀으므로 A는 B를 상대로 사기죄 등의 명목으로 고소하여 형사소송절차를 밟을 수 있다.

다만 형사소송과 민사소송은 서로 별개의 절차이므로 민사소송에서 판사가 A에 대한 손해배상을 인정하지 않았다고 해서 형사소송에서 B가 당연히 형사처벌을 면제받게 되는 것은 아니며, 형사소송에서 B의 유죄가 확정되었다고 해서 반드시 민사소송에서 A에 대한 손해배상이 인정되는 것은 아니다.

Chapter

직장생활과 성희롱 12

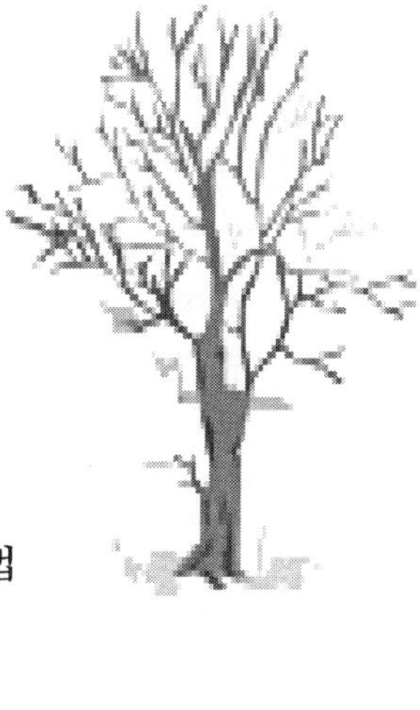

우리 자신의 생각들을 조금씩 바꿔 나가다 보면
주위 사람들과의 관계는 자동으로 개선된다. － 앤드류 매튜스

제12장

직장생활과 성희롱

Ⅰ. 성희롱의 개념

성희롱이란 성적 괴롭힘, 업무상 위계, 위력의 관계에 있는 사람이 성적인 언동으로 괴롭히는 것으로 업무상 만나는 모든 사람과의 관계에서 성립된다.

Ⅱ. 성희롱 관련법

1. 여성발전기본법

성희롱이란 업무, 고용, 그 밖의 관계에서 국가기관·지방자치단체 또는 대통령령으로 정하는 공공단체(이하 '국가기관 등'이라 한다)의 종사자, 사용자 또는 근로자가 다음의 어느 하나에 해당하는 행위를 하는 경우를 말한다(여성발전기본법 제3조 제4호).

① 지위를 이용하거나 업무 등과 관련하여 성적 언동 등으로 상대방에게 성적 굴욕감이나 혐오감을 느끼게 하는 행위

② 상대방이 성적 언동이나 그 밖의 요구 등에 따르지 아니하였다는 이유로 고용상의 불이익을 주는 행위

2. 국가인권위원회법

성희롱이라 함은 업무, 고용 그 밖의 관계에서 공공기관의 종사자, 사용자 또

는 근로자가 그 직위를 이용하거나 업무 등과 관련하여 성적 언동 등으로 성적 굴욕감 또는 혐오감을 느끼게 하거나 성적 언동 그 밖의 요구 등에 대한 불응을 이유로 고용상의 불이익을 주는 것을 말한다(국가인권위원회법 제2조 제5호).

3. 남녀고용평등과 일·가정 양립지원에 관한 법률(남녀고용평등법)

성희롱이란 사업주·상급자 또는 근로자가 직장 내의 지위를 이용하거나 업무와 관련하여 다른 근로자에게 성적인 언동 등으로 성적굴욕감 또는 혐오감을 느끼게 하거나 성적 언동 그 밖의 요구에 대한 불응을 이유로 고용에 있어서 불이익을 주는 것을 말한다(남녀고용평등법 제2조 제2호).

Ⅲ. 성희롱 판단기준

1. 성희롱 여부의 판단기준

성희롱 여부의 판단 시에는 피해자의 주관적 사정을 고려하되 사회통념상 합리적인 피해자의 입장이라면 문제가 되는 행동에 대하여 어떻게 판단하고 대응하였을 것인가를 함께 고려하여야 하며 결과적으로 위협적·적대적인 고용환경을 형성하여 업무능률을 저해하게 되는지를 검토하여야 한다. 즉, 성희롱이라고 피해자가 주관적으로 느끼고 제3자도 동일한 느낌을 가졌다면 성희롱으로 볼 수 있다.

2. 성희롱에 대한 잘못된 통념

(1) 성희롱 여부의 판단기준은 가해자의 의도, 고의성 여부이다
(2) 명확한 거부 의사를 밝히지 않았다면 성희롱으로 문제 삼을 수 없다.
(3) 성희롱을 당한 남성은 아직은 법의 보호를 받지 못한다.

Ⅳ. 성희롱이 발생하는 이유

1. 성적 고정관념

남자는 남자다워야 하고 여자는 여성스러워야 한다는 성차별화되고, 성차별적인 이중적인 성 관념을 수용하기 때문이다.

2. 사회문화적 규범

술문화, 놀이문화, 성별 고정관념을 강조하는 가부장문화, 상하관계에서의 얼차례 문화 등을 자연스럽게 정상적이라고 인식하는 규범이다

3. 조직 내 집단문화

행위자의 입장을 지지, 강화하는 집단문화이다

4. 조직 내 힘의 권력관계

행위자는 주로 높은 지위에 있는 자로 문제 제기하기 어려운 권력관계로서 대수롭지 않은 사소한 문제로 치부하기 쉽다.

5. 습관의 무서움

성희롱은 우리사회 왜곡된 성 담론과 성차별적인 직장문화에서 비롯된다고 볼 수 있다

Ⅴ. 성희롱이 근절되지 않는 이유

언어나 행동에 의한 성희롱은 습관이고, 평소엔 괜찮은데, 술을 핑계로 삼고

술로 인한 실수에 관대한 사회문화와 입장을 바꿔서 생각하지 않기 때문이다.

VI. 성희롱의 성립요건

1. 행위주체가 공공기관의 종사자, 사용자, 상급자, 근로자 등일 것

성희롱의 행위주체는 크게 세 부류로 나누어지며 첫째는 공공기관(국가기관, 지방단체, 공공단체), 둘째는 사업주 또는 사용자, 셋째는 상급자 또는 근로자이다.

2. 직장 내의 지위를 이용하거나 업무와 관련하여 이루어질 것

직장 내 성희롱은 사업주, 상급자 또는 근로자가 직장 내 지위를 이용하거나 업무와 관련이 있는 경우라면 사업장 내부 및 근무시간뿐만 아니라 사업장 밖이나 근무시간 외에도 성립된다.

3. 성적 언동이나 성적 요구에 불응한 것을 이유로 고용 상 불이익을 줄 것

성적 언동이나 성적 요구에 불응한 것을 이유로 채용탈락, 감봉, 승진탈락, 전직, 정직, 휴직, 해고 등과 같이 채용 또는 근로조건을 일방적으로 불리하게 하는 경우를 말한다.

4. 성적인 언동 등으로 성적 굴욕감 또는 혐오감을 유발하여 고용 환경을 악화시킬 것

성적인 언어나 행동 등으로 성적 굴욕감 또는 혐오감을 유발하여 결과적으로 고용 환경을 악화시키는 것을 말한다. 이때 상대방이 원하지 않는 성적인 언어나 행동이 반드시 반복적이어야 하는 것은 아니고, 한 번의 성적 언동이라도 그 정도가 심한 경우에는 직장 내 성희롱이 될 수 있다.

Ⅶ. 성희롱의 유형

1. 육체적 행위

직접적인 신체 접촉으로 성적 굴욕감 또는 혐오감, 수치심을 유발하게 하는 행위이다

(1) 입맞춤이나 포옹, 뒤에서 껴안기 등의 신체적 접촉
(2) 가슴, 엉덩이 등 특정 신체부위를 만지는 행위
(3) 안마나 애무를 강요하는 행위 등

2. 언어적 행위

성적인 언어로 성적 굴욕감 또는 혐오감, 수치심을 유발하게 하는 행위이다

(1) 음란한 농담을 하거나 음탕하고 상스러운 이야기를 하는 행위(전화통화를 포함)
(2) 외모에 대한 성적인 비유나 평가를 한 행위
(3) 성적인 사실관계를 묻거나 성적인 내용의 정보를 의도적으로 유포하는 행위
(4) 성적인 관계를 강요하거나 회유하는 행위
(5) 음란한 내용의 전화 통화
(6) 회식자리 등에서 무리하게 옆에 앉혀 술을 따르도록 강요하는 행위

3. 시각적 행위

음란한 사진·그림 등을 게재하여 근로자가 성적 굴욕감·혐오감, 수치심을 유발하게 하는 행위이다

(1) 음란한 사진·그림·낙서·출판물 등을 게시하거나 보여 주는 행위(컴퓨터 통신이나 팩시밀리 등을 이용한 경우도 포함)
(2) 성과 관련된 자신의 특정 신체부위를 고의적으로 노출하거나 만지는 행위

4. 기 타

사회 통념상 성적 굴욕감 또는 혐오감을 유발하는 것으로 인정되는 언어나 행동 등이다.

Ⅷ. 성희롱 사례

1. 사무실에서 남자친구와의 관계를 노골적으로 묻고, 수고한다며 엉덩이를 치거나, 허리를 잡는 등의 성적 언동으로 피해자에게 성적 굴욕감을 준 경우이다.

2. 노래방에서 피해자의 볼에 입을 맞추는 등의 행동이 발생한 경우이다.

3. 업무협의를 마친 후 편지를 받았는데 편지에 노골적으로 성적인 내용이 담긴 글이 있었던 경우이다.

IX. 성희롱 피해 시 대처방법－피해자의 대처방법

분명한 거절의사를 표시하고 피해당한 경우 문제를 공론화 시킨 후 해결을 위해 노력해야 한다.

1. 기관 내 자체 처리 의뢰

사업주는 성희롱과 관련하여 근로자가 고충을 신고하였을 때에는 「근로자참여 및 협력증진에 관한 법률」에 따라 해당 사업장에 설치된 노사협의회에 고충의 처리를 위임하는 등 자율적인 해결을 위하여 노력하여야 한다(동법 제25조).

2. 고용노동부에 진정, 고소 · 고발

(1) 진　　정

피해자 또는 근로자는 사업주가 직장 내 성희롱금지의무, 예방교육 의무, 행위자 조치의무, 피해주장 근로자에 대한 고용상의 불이익 금지의무를 위반한 경우 사업장 소재 지방노동관서에 진정을 제기할 수 있다.

(2) 고소 · 고발

형사처벌이 가능한 고용 상 불이익 금지의무 위반의 경우에는 고소 · 고발도 가능하며, 피해당사자 이외에 범죄 사실을 알고 있는 제3자도 진정 · 고발이 가능하다.

3. 국가인권위원회에 구제신청 제기

피해자 등이 성희롱 행위에 대하여 국가인권위원회에 구제를 신청하는 등 진정을 제기할 수 있으며, 국가인권위원회에서 국가인권위원회법에 따라 진정내용을 조사하고 구제절차를 이행하여야 한다.

4. 민사소송의 제기

피해자는 성희롱으로 인한 정신적 · 물질적 피해에 대하여 손해배상을 청구하는 민사소송을 제기할 수 있다. 소송은 직접적인 가해자뿐만 아니라 사업주에 대해서도 제기할 수 있다.

X. 형사 처벌

1. 육체적 성희롱의 경우

육체적 행위에 의한 성희롱은 현행법상 업무상 위력 등에 의한 간음(형법 제303조), 업무상 위력 등에 의한 추행(성폭력특별법 제11조), 강제추행죄(형법 제298조) 등이 문제될 수 있다.

2. 언어적 성희롱

언어적 행위에 의한 성희롱은 명예훼손죄(형법 제307조), 모욕죄(형법 제311조), 정보통신망이용촉진및정보보호등에관한법률의 명예훼손죄(동법 제61조)등이 문제될 수 있다.

3. 시각적 성희롱

시각적 행위에 의한 성희롱은 통신매체이용 음란죄(성폭력특별법 제14조), 정보통신망 이용촉진 및 정보보호 등에 관한 법률의 음란물 유포등죄(동법 제65조 제2호, 제3호), 과다노출죄(경범죄처벌법 제1조 제41호), 공연음란죄(형법 제245조), 음화반포죄(형법 제243조) 등이 문제될 수 있다.

[서식 1] 상담 및 사건 접수 대장 양식

<table>
<tr><th colspan="9">고충 접수 및 처리 대장</th></tr>
<tr><th rowspan="2">접수번호</th><th rowspan="2">접수일자</th><th colspan="2">신청인</th><th rowspan="2">고충내용</th><th rowspan="2">처리결과</th><th rowspan="2">회신일자</th><th colspan="2">확인</th></tr>
<tr><th>성명</th><th>소속부서</th><th>상담원</th><th>과장</th></tr>
<tr><td></td><td></td><td></td><td></td><td></td><td></td><td></td><td></td><td></td></tr>
</table>

[서식 2] 상담 및 사건 접수 대장 양식

<table>
<tr><th colspan="12">성희롱 상담 및 사건 접수대장</th></tr>
<tr><th rowspan="3">접수 번호</th><th colspan="2">접수</th><th colspan="2">신청인</th><th rowspan="3">고충 내용</th><th colspan="4">처리결과</th><th colspan="2">담당자</th></tr>
<tr><th rowspan="2">접수 일자</th><th rowspan="2">접수 방법</th><th rowspan="2">성명</th><th rowspan="2">소속 부서</th><th>상담 종결</th><th colspan="3">성희롱 사건으로 접수</th><th rowspan="2">이름</th><th rowspan="2">확인</th></tr>
<tr><th>일자</th><th>종결 사유</th><th>처리일자 및 결과</th><th>신청인 회신일자</th></tr>
<tr><td></td><td></td><td></td><td></td><td></td><td></td><td></td><td></td><td></td><td></td><td></td><td></td></tr>
</table>

[서식 3] 사건 신고서 양식

<table>
<tr><td colspan="6">접수번호 / 담당자
성희롱 사건 접수신청서</td></tr>
<tr><td rowspan="12">당사자</td><td rowspan="4">신청인</td><td rowspan="2">성명
(성별)</td><td rowspan="2"></td><td>소속</td><td></td></tr>
<tr><td>직급</td><td></td></tr>
<tr><td>연락처</td><td colspan="3"></td></tr>
<tr><td>(e-mail)</td><td colspan="3"></td></tr>
<tr><td rowspan="4">대리인
※ 대리인이 신청하는 경우</td><td rowspan="2">성명
(성별)</td><td rowspan="2"></td><td>소속</td><td></td></tr>
<tr><td>직급</td><td></td></tr>
<tr><td>연락처</td><td colspan="3"></td></tr>
<tr><td>(e-mail)</td><td colspan="3"></td></tr>
<tr><td rowspan="4">피신청인
(행위자)</td><td rowspan="2">성명
(성별)</td><td rowspan="2"></td><td>소속</td><td></td></tr>
<tr><td>직급</td><td></td></tr>
<tr><td>연락처</td><td colspan="3"></td></tr>
<tr><td>(e-mail)</td><td colspan="3"></td></tr>
<tr><td>신 청
취 지</td><td colspan="5">※ 6하원칙에 의해 문제가 되는 행위, 지속성의 여부, 목격자 혹은 증인의 유무 등을 기록합니다.</td></tr>
<tr><td>요구사항</td><td colspan="5">1. 성희롱의 중지( )
2. 성희롱에 대한 사과와 재발방지 조치( )
3. 징계 등 인사조치( )
4. 기타( )</td></tr>
<tr><td colspan="6">위 신청인은 성희롱 고충 사건의 조사를 신청합니다.
년 월 일
신청인 (서명 또는 인)

○○○○ 귀하</td></tr>
</table>

[서식 4] 사건 접수 확인서 양식

<table>
<tr><td colspan="5"></td><td>접수번호</td><td></td></tr>
<tr><td colspan="5"></td><td>담당자</td><td></td></tr>
<tr><td colspan="7">성희롱 사건 접수신청 확인서</td></tr>
<tr><td rowspan="12">당사자</td><td rowspan="4">신청인</td><td rowspan="2">성명
(성별)</td><td rowspan="2"></td><td>소속</td><td colspan="2"></td></tr>
<tr><td>직급</td><td colspan="2"></td></tr>
<tr><td>연락처</td><td colspan="4"></td></tr>
<tr><td>(e-mail)</td><td colspan="4"></td></tr>
<tr><td rowspan="4">대리인
※ 대리인이 신청하는 경우</td><td rowspan="2">성명
(성별)</td><td rowspan="2"></td><td>소속</td><td colspan="2"></td></tr>
<tr><td>직급</td><td colspan="2"></td></tr>
<tr><td>연락처</td><td colspan="4"></td></tr>
<tr><td>(e-mail)</td><td colspan="4"></td></tr>
<tr><td rowspan="4">피신청인
(행위자)</td><td rowspan="2">성명
(성별)</td><td rowspan="2"></td><td>소속</td><td colspan="2"></td></tr>
<tr><td>직급</td><td colspan="2"></td></tr>
<tr><td>연락처</td><td colspan="4"></td></tr>
<tr><td>(e-mail)</td><td colspan="4"></td></tr>
<tr><td>신 청
취 지</td><td colspan="6">※ 6하원칙에 의해 문제가 되는 행위, 지속성의 여부, 목격자 혹은 증인의 유무 등을 기록합니다.</td></tr>
<tr><td>요구사항</td><td colspan="6">1. 성희롱의 중지( ) 2. 성희롱 재발방지 조치( )
3. 징계 등 인사조치( ) 4. 기타( )</td></tr>
<tr><td rowspan="2">신청
확인</td><td>신청 일자
및 방법</td><td colspan="5"></td></tr>
<tr><td>신청인 의사
확인방법</td><td colspan="5">※유선, 이메일 등</td></tr>
<tr><td colspan="7">위 신청인이 성희롱 사건의 조사를 신청하였음을 확인합니다.
년 월 일
확인자 : (서명 또는 인)

○○○○ 귀하</td></tr>
</table>

[서식 5] 상담일지 양식

<table>
<tr><td>접수번호</td><td></td></tr>
<tr><td>담당자</td><td></td></tr>
</table>

성희롱 상담일지

<table>
<tr><td rowspan="2">성희롱
고충상담원
(담당자)</td><td>상담방법</td><td colspan="3">※상담일시, 장소 및 유선, e-mail 등 접수방법 기재</td></tr>
<tr><td>성명</td><td colspan="3"></td></tr>
<tr><td rowspan="4">피상담자
(상담신청인)</td><td rowspan="2">성명
(성별)</td><td rowspan="2"></td><td>소속</td><td></td></tr>
<tr><td>직급</td><td></td></tr>
<tr><td>연락처</td><td colspan="3"></td></tr>
<tr><td>(e-mail)</td><td colspan="3"></td></tr>
<tr><td>상 담
신 청
요 지</td><td colspan="4">※ 상담을 신청한 이유, 요구사항 등을 6하 원칙에 의해 기재</td></tr>
<tr><td>상 담
내 용</td><td colspan="4"></td></tr>
<tr><td rowspan="4">처 리
결 과</td><td rowspan="2">상담
종결</td><td>종결
일자</td><td colspan="2"></td></tr>
<tr><td>종결
사유</td><td colspan="2"></td></tr>
<tr><td rowspan="2">성희롱
사건
접수</td><td>조치
결과</td><td colspan="2"></td></tr>
<tr><td>회신
일자</td><td colspan="2"></td></tr>
<tr><td colspan="5">작성일자 :
작 성 자 :
확 인 자 :</td></tr>
</table>

§§관련조문

※남녀고용평등과 일·가정 양립 지원에 관한 법률

제2절 직장 내 성희롱의 금지 및 예방

제12조(직장 내 성희롱의 금지)
사업주, 상급자 또는 근로자는 직장 내 성희롱을 하여서는 아니 된다.

제13조(직장 내 성희롱 예방 교육 등)
① 사업주는 직장 내 성희롱을 예방하고 근로자가 안전한 근로환경에서 일할 수 있는 여건을 조성하기 위하여 직장 내 성희롱의 예방을 위한 교육(이하 '성희롱 예방 교육'이라 한다)을 매년 실시하여야 한다.
② 사업주 및 근로자는 제1항에 따른 성희롱 예방 교육을 받아야 한다.
③ 사업주는 성희롱 예방 교육의 내용을 근로자가 자유롭게 열람할 수 있는 장소에 항상 게시하거나 갖추어 두어 근로자에게 널리 알려야 한다.
④ 사업주는 고용노동부령으로 정하는 기준에 따라 직장 내 성희롱 예방 및 금지를 위한 조치를 하여야 한다.
⑤ 제1항 및 제2항에 따른 성희롱 예방 교육의 내용·방법 및 횟수 등에 관하여 필요한 사항은 대통령령으로 정한다.

제13조의2(성희롱 예방 교육의 위탁)
① 사업주는 성희롱 예방 교육을 고용노동부장관이 지정하는 기관(이하 '성희롱 예방 교육기관'이라 한다)에 위탁하여 실시할 수 있다.
② 사업주가 성희롱 예방 교육기관에 위탁하여 성희롱 예방 교육을 하려는 경우에는 제13조 제5항에 따라 대통령령으로 정하는 내용을 성희롱 예방 교육기관에 미리 알려 그 사항이 포함되도록 하여야 한다.
③ 성희롱 예방 교육기관은 고용노동부령으로 정하는 기관 중에서 지정하되, 고용노동부령으로 정하는 강사를 1명 이상 두어야 한다.
④ 성희롱 예방 교육기관은 고용노동부령으로 정하는 바에 따라 교육을 실시하고 교육이수증이나 이수자 명단 등 교육 실시 관련 자료를 보관하며 사업주나 피교육자에게 그 자료를 내주어야 한다.
⑤ 고용노동부장관은 성희롱 예방 교육기관이 다음 각 호의 어느 하나에 해당하면 그 지정을 취소할 수 있다.

1. 거짓이나 그 밖의 부정한 방법으로 지정을 받은 경우
2. 정당한 사유 없이 제3항에 따른 강사를 3개월 이상 계속하여 두지 아니한 경우
3. 2년 동안 직장 내 성희롱 예방 교육 실적이 없는 경우

⑥ 고용노동부장관은 제5항에 따라 성희롱 예방 교육기관의 지정을 취소하려면 청문을 하여야 한다.

제14조(직장 내 성희롱 발생 시 조치)

① 누구든지 직장 내 성희롱 발생 사실을 알게 된 경우 그 사실을 해당 사업주에게 신고할 수 있다.

② 사업주는 제1항에 따른 신고를 받거나 직장 내 성희롱 발생 사실을 알게 된 경우에는 지체 없이 그 사실 확인을 위한 조사를 하여야 한다. 이 경우 사업주는 직장 내 성희롱과 관련하여 피해를 입은 근로자 또는 피해를 입었다고 주장하는 근로자(이하 "피해근로자등"이라 한다)가 조사 과정에서 성적 수치심 등을 느끼지 아니하도록 하여야 한다.

③ 사업주는 제2항에 따른 조사 기간 동안 피해근로자등을 보호하기 위하여 필요한 경우 해당 피해근로자등에 대하여 근무 장소의 변경, 유급휴가 명령 등 적절한 조치를 하여야 한다. 이 경우 사업주는 피해근로자등의 의사에 반하는 조치를 하여서는 아니 된다.

④ 사업주는 제2항에 따른 조사 결과 직장 내 성희롱 발생 사실이 확인된 때에는 피해근로자가 요청하면 근무 장소의 변경, 배치전환, 유급휴가 명령 등 적절한 조치를 하여야 한다.

⑤ 사업주는 제2항에 따른 조사 결과 직장 내 성희롱 발생 사실이 확인된 때에는 지체 없이 직장 내 성희롱 행위를 한 사람에 대하여 징계, 근무장소의 변경 등 필요한 조치를 하여야 한다. 이 경우 사업주는 징계 등의 조치를 하기 전에 그 조치에 대하여 직장 내 성희롱 피해를 입은 근로자의 의견을 들어야 한다.

⑥ 사업주는 성희롱 발생 사실을 신고한 근로자 및 피해근로자등에게 다음 각 호의 어느 하나에 해당하는 불리한 처우를 하여서는 아니 된다.

1. 파면, 해임, 해고, 그 밖에 신분상실에 해당하는 불이익 조치
2. 징계, 정직, 감봉, 강등, 승진 제한 등 부당한 인사조치
3. 직무 미부여, 직무 재배치, 그 밖에 본인의사에 반하는 인사 조치
4. 성과평가 또는 동료평가 등에서 차별이나 그에 따른 임금 또는 상여금 등의 차별 지급
5. 직업능력 개발 및 향상을 위한 교육훈련 기회의 제한
6. 집단 따돌림, 폭행 또는 폭언 등 정신적·신체적 손상을 가져오는 행위를

하거나 그 행위의 발생을 방치하는 행위

7. 그 밖에 신고를 한 근로자 및 피해근로자등의 의사에 반하는 불리한 처우

⑦ 제2항에 따라 직장 내 성희롱 발생 사실을 조사한 사람, 조사 내용을 보고 받은 사람 또는 그 밖에 조사 과정에 참여한 사람은 해당 조사 과정에서 알게 된 비밀을 피해근로자등의 의사에 반하여 다른 사람에게 누설하여서는 아니 된다. 다만, 조사와 관련된 내용을 사업주에게 보고하거나 관계 기관의 요청에 따라 필요한 정보를 제공하는 경우는 제외한다.

제14조의2(고객 등에 의한 성희롱 방지)

① 사업주는 고객 등 업무와 밀접한 관련이 있는 자가 업무수행 과정에서 성적인 언동 등을 통하여 근로자에게 성적 굴욕감 또는 혐오감 등을 느끼게 하여 해당 근로자가 그로 인한 고충 해소를 요청할 경우 근무 장소 변경, 배치전환, 유급휴가의 명령 등 적절한 조치를 하여야 한다.

② 사업주는 근로자가 제1항에 따른 피해를 주장하거나 고객 등으로부터의 성적 요구 등에 불응한 것을 이유로 해고나 그 밖의 불이익한 조치를 하여서는 아니 된다.

사례문답

【질 문】

1. 여성도 직장 내 성희롱 행위자가 될 수 있는가?
2. 직장상사가 자신의 컴퓨터 바탕화면에 노출이 심한 여자 사진을 실어놓고 있는 경우 그 자체로서도 성희롱이 성립될 수 있는가?
3. 행위자가 성희롱하려는 의도를 가져야만 성희롱으로 성립되는가?
4. 단 1회의 성적 언동이라도 성희롱이 성립되는가?

[해 설]

1. 직장내 성희롱은 일반적으로 남성이 여성에게 하는 행위가 대부분이지만 경우에 따라서 여성이 남성에게, 여성이 여성에게, 남성이 남성에게 하는 행위도 있을 수 있다.

2. 시각적 행위에 의한 성희롱 문제는 특별한 사정이 없는 한 대상이 있어야 한다. 그 행위가 타인에게 성적 불쾌감을 초래하고 그 감정을 표현했는데도 그러한 행위가 지속된다면 이는 직장내 성희롱이 될 수 있다.

3. 그렇지 않다. 성희롱 행위자가 스스로는 성희롱으로 인식하지 못하고 있더라도 피해자는 성희롱으로 받아들일 수 있으므로 행위자의 성희롱 의도 여부보다는 피해자의 입장에서 판단하여야 한다.

4. 성립된다. 조건형 성희롱의 경우 행위자의 단 한번의 성적 언동을 피해자가 거부하거나 불쾌감을 표시하여 인사상의 불이익을 받은 경우 직장내 성희롱이 성립된다.

Chapter

성 폭 력

13

Ⅰ. 성폭력의 개념
Ⅱ. 성폭력의 유형
Ⅲ. 성폭력 발생원인
Ⅳ. 성폭력 관련법과 제도
Ⅴ. 성폭력 범죄 척결을 위한 정부의 법과 정책
Ⅵ. 성폭력 예방 및 피해자 보호, 지원제도
사례문답

오늘은 어제 사용한 말의 결실이고
내일은 오늘 사용한 말의 열매이다.

제13장 성 폭 력

Ⅰ. 성폭력의 개념

넓은 의미의 성폭력이란 강간, 강제추행, 강도강간뿐만 아니라 언어적 희롱, 음란전화, 성기노출 등 상대방이 원하지 않는 성적 행위를 통해 타인에게 정신적·육체적 손상을 주는 행위를 일컫는다. 성희롱, 성추행(강제추행), 성폭행(강간) 등 성에 관련한 범죄를 전부 포함하는 개념으로, 상대방의 의사에 반해 가해지는 모든 신체적·정신적 폭력을 말한다. 개인의 성적 자기결정권을 침해해 피해 당사자에게 신체적, 정신적, 성적 피해를 주는 심각한 인권 문제이다.

Ⅱ. 성폭력의 유형

1. 성희롱

성희롱이란 업무, 고용, 그 밖의 관계에서 공공기관의 종사자, 사용자 또는 근로자가 그 직위를 이용하거나 업무 등과 관련해 성적 언동 등으로 성적 굴욕감 또는 혐오감을 느끼게 하거나 성적 언동 또는 그 밖의 요구 등에 따르지 않는다는 이유로 고용상의 불이익을 주는 것을 말한다(국가인권위원회법 제2조 제3호).

2. 성추행

추행(醜行)이란 가해자가 성욕의 홍분이나 만족을 얻는 것을 목적 등의 이유로 상대방의 성적 자유를 침해하는 행위 전반을 일컫는다. 형법에서는 폭행 또는 협박으로 사람에 대하여 추행을 한 자는 강제추행죄로 10년 이하의 징역 또는 1천500만 원 이하의 벌금에 처한다(형법 제298조). 폭행이란 법률상 용어로, 사람에게 신체적 · 정신적 고통을 주어 유형력을 행사하는 행위를 말한다. 또한, 강제로 술을 먹이거나 약물을 사용한 경우도 폭행으로 판단할 수 있다. 사람의 심신상실 또는 항거불능의 상태를 이용하여 간음 또는 추행을 한 자는 제297조(강간), 제297조의2(유사강간) 및 제298조(강제추행)의 예에 의한다. 폭행 · 협박의 기준이 엄격한 강간죄와 달리 강제추행죄의 폭행은 상대방의 의사를 억압할 정도가 아니더라도 성립할 수 있다.

3. 성폭행

(1) 형법에서 규정하는 성폭력으로는 성 풍속에 관한 죄, 강간과 추행의 죄, 강도강간죄가 있다. 성 풍속에 관한 죄는 음란물 배포나 성매매, 공연음란죄 등이 해당한다. 강간과 추행의 죄는 강간죄와 유사강간죄, 강제추행(성추행), 미성년자 등에 대한 간음죄와 업무상 위력 등에 대한 간음죄, 강간 등 상해 · 살인죄 등을 말한다. 여기에는 해당 행위에 대한 미수도 포함한다.

(2) 성폭력범죄의 처벌 등에 관한 특례법 상의 성폭력으로는 특수강도강간, 특수강간, 친족 관계에 의한 강간, 장애인에 대한 강간과 강제추행, 13세 미만 미성년자에 대한 의제 강간 및 강제추행, 공중 밀집 장소에서의 성추행, 성적 목적을 위한 침입행위죄, 통신 매체를 이용한 음란행위죄, 불법촬영 등이 해당한다.

4. 디지털 성범죄

디지털성범죄란 카메라나 인터넷과 같은 디지털 매체를 이용하여 상대의 동의 없이 신체를 불법 촬영하여 저장, 유포, 협박, 전시, 판매하는 등의 사이버 공간, 미디어, SNS 등에서의 성적 괴롭힘을 일컫는다.

피해를 인지했다면 본인이 피해자이든 아니든 적극적으로 신고해야 피해를 최소화 할 수 있다. 피해 사실을 알게 된 경우 가장 중요한 것은 증거 수집이다. 유포된 사이트를 아는 경우에는 링크를 확보해 두고 메신저 증거물이 있을 경우

캡처하고 채팅방을 나가면 안 된다. 그리고 디지털성범죄 피해자를 지원하는 기관에 연락하면 된다. 관련 지원 기관에서는 무료로 불법 유포 영상물의 삭제와 경찰 신고에 필요한 피해 사례 수집 작업을 도와준다. 또 전문 상담과 의료비, 무료 법률 서비스 등도 지원 받을 수 있다.

5. 데이트 성폭력

데이트 도중에 상대방이 원치 않는 성적 행동을 상대방에게 하거나 강요를 하는 게 특징이며, 상대방의 의사를 무시한 채 성폭력을 하는 경우가 많고, 연인 사이에 서로 좋아하는 감정이 있어서 피해자, 가해자 모두 성폭력으로 인식하지 못하는 경향이 있다. 신뢰를 바탕으로 하는 관계에서의 성폭력이라서 피해자의 상처가 다른 성폭력에 비해 크기 때문에, 상대방의 욕구와 의사에 귀를 기울이고 존중해야 한다.

6. 친족 성폭력

친족 내에서 일어나는 성폭력으로, 오랫동안 가정에서 머물면서 성폭력을 하기 때문에 연관된 사람을 별도의 기관에 분리시키는 게 중요하다.

대한민국 민법상 친족의 범위는 8촌 이내의 혈족, 4촌 이내의 인척, 배우자이다.

7. 사이버 성폭력

정보통신망의 채팅/이메일/쪽지 등을 통해 음란한 이야기와 장면을 보게 함으로써, 성적 수치심이나 위협을 느끼는 행위다. 오프라인과 마찬가지로 성적 자기결정권 침해와 안전한 환경에서 활동할 권리를 침해하는 범죄다.

8. 공공장소에서의 성추행

지하철이나 버스 등에서 일어나며 사람들이 많은 장소에서 타인에게 몸을 고의적으로 닿거나 비비는 행위로서, 피해자에게 불쾌감을 주게 된다.

Ⅲ. 성폭력 발생원인

1. 성폭력에 대한 오해와 편견

"피해자가 강력하게 저항하지 않았다", "노출이 심한 옷을 입었다"와 같이 성폭력 피해가 발생하면 피해자가 원인을 제공했다고 생각하는 경향이 있다. 이러한 오해와 편견으로 피해자에게 책임을 전가하는 것은 성폭력을 사회적으로 용인하여 또 다른 성폭력의 원인이 된다.

2. 우리나라의 법정형보다 낮은 성폭력 처벌 실태

2006년 필리핀의 경우 친딸을 성폭행한 가해자에게 14,400년의 징역형을 선고한 경우와 비교해 볼 때 우리 나라의 경우 친구의 딸인 8세 여아를 성폭행한 가해자가 깊이 뉘우치고 있고 음주상태에서 저지른 우발적인 범행임을 참작하여 성폭행은 무죄, 피고인이 자백한 유사성교행위만 유죄로 인정, 3년 6월을 선고(법정하한형 7년)한 것을 보더라도 법정형보다 낮은 처벌이 성폭력의 원인이 된다.

3. 권위주의적 조직문화

성별, 연령, 사회경제적 지위, 인종 등 차이, 비대칭적인 권력관계가 성폭력의 원인이 된다.

Ⅳ. 성폭력 관련법과 제도

1. 성범죄자 신상공개 제도

인터넷 성범죄자 알림e를 통해 성범죄자의 신상이 확인 가능하고 아동청소년의 친권자 또는 법정대리인이 있는 500만 가구 대상으로 우편발송하며, 읍면동사무소의 게시판에 게시하도록 한다.

2. 아동, 청소년 관련기관 취업제한

유치원, 학교, 학원, 어린이집, 아동복지시설, 의료기관, PC방, 멀티방, 경비업 등 취업제한대상 시설이 확대됐다.

3. 성범죄자 약물치료(화학적 거세)

재범우려가 있는 경우 약물치료 가능하다.

4. 전자발찌 부착

19세 미만 아동, 청소년과 장애인 대상 성폭력 범죄는 단 1회만으로도 전자발찌 부착이 가능하다.

V. 성폭력 범죄 척결을 위한 정부의 법과 정책

① 성폭력 친고죄 전면폐지로 합의여부에 상관없이 성폭력 범죄자 무관용 처벌
② 음란몰카 촬영 유죄 확정시 20년간 신상정보 등록
③ 형법개정으로 강간죄 대상 확대: 강간죄 객체가 부녀에서 사람으로 확대
④ 수사, 재판 과정에서 피해자 지원강화: 피해자 국선변호사 지원 및 진술조력인제도 도입
⑤ 형 집행이 종료된 자도 보호관찰 관리 감독으로 성폭력 범죄자 관리 강화
⑥ 국민이 알기 쉽도록 성폭력범죄자 신상공개제도 개선: 상세주소 공개, 모바일 알리미 구축
⑦ 국가기관 및 공공단체 성폭력 예방교육 의무화로 국민의식 제고

VI. 성폭력 예방 및 피해자 보호, 지원제도

1. 형사사법 절차상 피해자 보호 강화

피해자 국선전담변호사 활용 확대 및 무료법률지원 연차적으로 확대하고 진술조력인, 법률조력인 제도 등 피해자 중심 조사환경을 구축한다.

2. 피해자 중심 지원체제 확충

성폭력 피해 발생 시 의료, 상담, 법률지원, 수사까지 원스톱으로 지원할 수 있도록 성폭력 피해자 통합지원센터를 확대 설치 운영하고 장애인 성폭력상담소 등 특성별 지원시설 확대 및 지원을 강화한다.

3. 안전한 지역사회 환경조성

방과 후 돌봄 사각지대 해소 및 범부처 통합 돌봄 서비스를 체계구축하고, 아동, 여성안전 지역 연대 안전 프로그램운영 및 아동안전지도 제작을 통한 위험환경을 개선한다.

4. 성폭력 예방교육 확대 및 인프라 구축

국가 및 지자체, 공공단체 등 예방교육 의무대상 기관 확대하고 전문강사 양성 및 교육 콘텐츠개발 보급 등 교육지원, 관리체계 내실화를 기한다.

∮∮관련조문

*성폭력범죄의 처벌 등에 관한 특례법

제1장 총 칙

제1조(목적)
이 법은 성폭력범죄의 처벌 및 그 절차에 관한 특례를 규정함으로써 성폭력범죄 피해자의 생명과 신체의 안전을 보장하고 건강한 사회질서의 확립에 이바지함을 목적으로 한다.

제2조(정의)
① 이 법에서 '성폭력범죄'란 다음 각 호의 어느 하나에 해당하는 죄를 말한다.

1. 「형법」 제2편 제22장 성풍속에 관한 죄 중 제242조(음행매개), 제243조(음화반포등), 제244조(음화제조등) 및 제245조(공연음란)의 죄
2. 「형법」 제2편 제31장 약취(略取), 유인(誘引) 및 인신매매의 죄 중 추행, 간음 또는 성매매와 성적 착취를 목적으로 범한 제288조 또는 추행, 간음 또는 성매매와 성적 착취를 목적으로 범한 제289조, 제290조(추행, 간음 또는 성매매와 성적 착취를 목적으로 제288조 또는 추행, 간음 또는 성매매와 성적 착취를 목적으로 제289조의 죄를 범하여 약취, 유인, 매매된 사람을 상해하거나 상해에 이르게 한 경우에 한정한다), 제291조(추행, 간음 또는 성매매와 성적 착취를 목적으로 제288조 또는 추행, 간음 또는 성매매와 성적 착취를 목적으로 제289조의 죄를 범하여 약취, 유인, 매매된 사람을 살해하거나 사망에 이르게 한 경우에 한정한다), 제292조[추행, 간음 또는 성매매와 성적 착취를 목적으로 한 제288조 또는 추행, 간음 또는 성매매와 성적 착취를 목적으로 한 제289조의 죄로 약취, 유인, 매매된 사람을 수수(授受) 또는 은닉한 죄, 추행, 간음 또는 성매매와 성적 착취를 목적으로 한 제288조 또는 추행, 간음 또는 성매매와 성적 착취를 목적으로 한 제289조의 죄를 범할 목적으로 사람을 모집, 운송, 전달한 경우에 한정한다] 및 제294조(추행, 간음 또는 성매매와 성적 착취를 목적으로 범한 제288조의 미수범 또는 추행, 간음 또는 성매매와 성적 착취를 목적으로 범한 제289조의 미수범, 추행, 간음 또

는 성매매와 성적 착취를 목적으로 제288조 또는 추행, 간음 또는 성매매와 성적 착취를 목적으로 제289조의 죄를 범하여 발생한 제290조 제1항의 미수범 또는 추행, 간음 또는 성매매와 성적 착취를 목적으로 제288조 또는 추행, 간음 또는 성매매와 성적 착취를 목적으로 제289조의 죄를 범하여 발생한 제291조 제1항의 미수범 및 제292조 제1항의 미수범 중 추행, 간음 또는 성매매와 성적 착취를 목적으로 약취, 유인, 매매된 사람을 수수, 은닉한 죄의 미수범으로 한정한다)의 죄

3. 「형법」 제2편 제32장 강간과 추행의 죄 중 제297조(강간), 제297조의2(유사강간), 제298조(강제추행), 제299조(준강간, 준강제추행), 제300조(미수범), 제301조(강간등 상해 · 치상), 제301조의2(강간등 살인 · 치사), 제302조(미성년자등에 대한 간음), 제303조(업무상위력등에 의한 간음) 및 제305조(미성년자에 대한 간음, 추행)의 죄
4. 「형법」 제339조(강도강간)의 죄 및 제342조(제339조의 미수범으로 한정한다)의 죄
5. 이 법 제3조(특수강도강간 등)부터 제15조(미수범)까지의 죄

② 제1항 각 호의 범죄로서 다른 법률에 따라 가중처벌되는 죄는 성폭력범죄로 본다.

제2장 성폭력범죄의 처벌 및 절차에 관한 특례

제3조(특수강도강간 등)

① 「형법」 제319조 제1항(주거침입), 제330조(야간주거침입절도), 제331조(특수절도) 또는 제342조(미수범. 다만, 제330조 및 제331조의 미수범으로 한정한다)의 죄를 범한 사람이 같은 법 제297조(강간), 제297조의2(유사강간), 제298조(강제추행) 및 제299조(준강간, 준강제추행)의 죄를 범한 경우에는 무기징역 또는 5년 이상의 징역에 처한다.

② 「형법」 제334조(특수강도) 또는 제342조(미수범. 다만, 제334조의 미수범으로 한정한다)의 죄를 범한 사람이 같은 법 제297조(강간), 제297조의2(유사강간), 제298조(강제추행) 및 제299조(준강간, 준강제추행)의 죄를 범한 경우에는 사형, 무기징역 또는 10년 이상의 징역에 처한다.

제4조(특수강간 등)
① 흉기나 그 밖의 위험한 물건을 지닌 채 또는 2명 이상이 합동하여 「형법」 제297조(강간)의 죄를 범한 사람은 무기징역 또는 5년 이상의 징역에 처한다.
② 제1항의 방법으로 「형법」 제298조(강제추행)의 죄를 범한 사람은 3년 이상의 유기징역에 처한다.
③ 제1항의 방법으로 「형법」 제299조(준강간, 준강제추행)의 죄를 범한 사람은 제1항 또는 제2항의 예에 따라 처벌한다.

제5조(친족관계에 의한 강간 등)
① 친족관계인 사람이 폭행 또는 협박으로 사람을 강간한 경우에는 7년 이상의 유기징역에 처한다.
② 친족관계인 사람이 폭행 또는 협박으로 사람을 강제추행한 경우에는 5년 이상의 유기징역에 처한다.
③ 친족관계인 사람이 사람에 대하여 「형법」 제299조(준강간, 준강제추행)의 죄를 범한 경우에는 제1항 또는 제2항의 예에 따라 처벌한다.
④ 제1항부터 제3항까지의 친족의 범위는 4촌 이내의 혈족·인척과 동거하는 친족으로 한다.
⑤ 제1항부터 제3항까지의 친족은 사실상의 관계에 의한 친족을 포함한다.

제6조(장애인에 대한 강간·강제추행 등)
① 신체적인 또는 정신적인 장애가 있는 사람에 대하여 「형법」 제297조(강간)의 죄를 범한 사람은 무기징역 또는 7년 이상의 징역에 처한다.
② 신체적인 또는 정신적인 장애가 있는 사람에 대하여 폭행이나 협박으로 다음 각 호의 어느 하나에 해당하는 행위를 한 사람은 5년 이상의 유기징역에 처한다.
1. 구강·항문 등 신체(성기는 제외한다)의 내부에 성기를 넣는 행위
2. 성기·항문에 손가락 등 신체(성기는 제외한다)의 일부나 도구를 넣는 행위
③ 신체적인 또는 정신적인 장애가 있는 사람에 대하여 「형법」 제298조(강제추행)의 죄를 범한 사람은 3년 이상의 유기징역 또는 2천만원 이상 5천만원 이하의 벌금에 처한다.
④ 신체적인 또는 정신적인 장애로 항거불능 또는 항거곤란 상태에 있음을 이용하여 사람을 간음하거나 추행한 사람은 제1항부터 제3항까지의 예에 따라 처벌한다.

⑤ 위계(僞計) 또는 위력(威力)으로써 신체적인 또는 정신적인 장애가 있는 사람을 간음한 사람은 5년 이상의 유기징역에 처한다.
⑥ 위계 또는 위력으로써 신체적인 또는 정신적인 장애가 있는 사람을 추행한 사람은 1년 이상의 유기징역 또는 1천만원 이상 3천만원 이하의 벌금에 처한다.
⑦ 장애인의 보호, 교육 등을 목적으로 하는 시설의 장 또는 종사자가 보호, 감독의 대상인 장애인에 대하여 제1항부터 제6항까지의 죄를 범한 경우에는 그 죄에 정한 형의 2분의 1까지 가중한다.

제7조(13세 미만의 미성년자에 대한 강간, 강제추행 등)
① 13세 미만의 사람에 대하여 「형법」 제297조(강간)의 죄를 범한 사람은 무기징역 또는 10년 이상의 징역에 처한다.
② 13세 미만의 사람에 대하여 폭행이나 협박으로 다음 각 호의 어느 하나에 해당하는 행위를 한 사람은 7년 이상의 유기징역에 처한다.
1. 구강 · 항문 등 신체(성기는 제외한다)의 내부에 성기를 넣는 행위
2. 성기 · 항문에 손가락 등 신체(성기는 제외한다)의 일부나 도구를 넣는 행위
③ 13세 미만의 사람에 대하여 「형법」 제298조(강제추행)의 죄를 범한 사람은 5년 이상의 유기징역 또는 3천만원 이상 5천만원 이하의 벌금에 처한다.
④ 13세 미만의 사람에 대하여 「형법」 제299조(준강간, 준강제추행)의 죄를 범한 사람은 제1항부터 제3항까지의 예에 따라 처벌한다.
⑤ 위계 또는 위력으로써 13세 미만의 사람을 간음하거나 추행한 사람은 제1항부터 제3항까지의 예에 따라 처벌한다.

제8조(강간 등 상해 · 치상)
① 제3조 제1항, 제4조, 제6조, 제7조 또는 제15조(제3조 제1항, 제4조, 제6조 또는 제7조의 미수범으로 한정한다)의 죄를 범한 사람이 다른 사람을 상해하거나 상해에 이르게 한 때에는 무기징역 또는 10년 이상의 징역에 처한다.
② 제5조 또는 제15조(제5조의 미수범으로 한정한다)의 죄를 범한 사람이 다른 사람을 상해하거나 상해에 이르게 한 때에는 무기징역 또는 7년 이상의 징역에 처한다.

제9조(강간 등 살인 · 치사)
① 제3조부터 제7조까지, 제15조(제3조부터 제7조까지의 미수범으로 한정한다)의

죄 또는 「형법」 제297조(강간), 제297조의2(유사강간) 및 제298조(강제추행)부터 제300조(미수범)까지의 죄를 범한 사람이 다른 사람을 살해한 때에는 사형 또는 무기징역에 처한다.
② 제4조, 제5조 또는 제15조(제4조 또는 제5조의 미수범으로 한정한다)의 죄를 범한 사람이 다른 사람을 사망에 이르게 한 때에는 무기징역 또는 10년 이상의 징역에 처한다.
③ 제6조, 제7조 또는 제15조(제6조 또는 제7조의 미수범으로 한정한다)의 죄를 범한 사람이 다른 사람을 사망에 이르게 한 때에는 사형, 무기징역 또는 10년 이상의 징역에 처한다.

제10조(업무상 위력 등에 의한 추행)
① 업무, 고용이나 그 밖의 관계로 인하여 자기의 보호, 감독을 받는 사람에 대하여 위계 또는 위력으로 추행한 사람은 3년 이하의 징역 또는 1천500만원 이하의 벌금에 처한다.
② 법률에 따라 구금된 사람을 감호하는 사람이 그 사람을 추행한 때에는 5년 이하의 징역 또는 2천만원 이하의 벌금에 처한다.

제11조(공중 밀집 장소에서의 추행)
대중교통수단, 공연·집회 장소, 그 밖에 공중(公衆)이 밀집하는 장소에서 사람을 추행한 사람은 1년 이하의 징역 또는 300만원 이하의 벌금에 처한다.

제12조(성적 목적을 위한 다중이용장소 침입행위)
자기의 성적 욕망을 만족시킬 목적으로 화장실, 목욕장·목욕실 또는 발한실(發汗室), 모유수유시설, 탈의실 등 불특정 다수가 이용하는 다중이용장소에 침입하거나 같은 장소에서 퇴거의 요구를 받고 응하지 아니하는 사람은 1년 이하의 징역 또는 300만원 이하의 벌금에 처한다.

제13조(통신매체를 이용한 음란행위)
자기 또는 다른 사람의 성적 욕망을 유발하거나 만족시킬 목적으로 전화, 우편, 컴퓨터, 그 밖의 통신매체를 통하여 성적 수치심이나 혐오감을 일으키는 말, 음향, 글, 그림, 영상 또는 물건을 상대방에게 도달하게 한 사람은 2년 이하의 징역 또는 500만원 이하의 벌금에 처한다.

제14조(카메라 등을 이용한 촬영)

① 카메라나 그 밖에 이와 유사한 기능을 갖춘 기계장치를 이용하여 성적 욕망 또는 수치심을 유발할 수 있는 사람의 신체를 촬영대상자의 의사에 반하여 촬영한 자는 5년 이하의 징역 또는 3천만원 이하의 벌금에 처한다.

② 제1항에 따른 촬영물 또는 복제물(복제물의 복제물을 포함한다. 이하 이 항에서 같다)을 반포 · 판매 · 임대 · 제공 또는 공공연하게 전시 · 상영(이하 '반포등'이라 한다)한 자 또는 제1항의 촬영이 촬영 당시에는 촬영대상자의 의사에 반하지 아니한 경우에도 사후에 그 촬영물 또는 복제물을 촬영대상자의 의사에 반하여 반포등을 한 자는 5년 이하의 징역 또는 3천만원 이하의 벌금에 처한다.

③ 영리를 목적으로 촬영대상자의 의사에 반하여 「정보통신망 이용촉진 및 정보보호 등에 관한 법률」 제2조 제1항 제1호의 정보통신망(이하 '정보통신망'이라 한다)을 이용하여 제2항의 죄를 범한 자는 7년 이하의 징역에 처한다.

제15조(미수범)

제3조부터 제9조까지 및 제14조의 미수범은 처벌한다.

제3장 신상정보 등록 등

제42조(신상정보 등록대상자)

① 제2조 제1항 제3호 · 제4호,같은 조 제2항(제1항 제3호 · 제4호에 한정한다), 제3조 부터 제15조까지의 범죄 및 「아동 · 청소년의 성보호에 관한 법률」 제2조 제2호 가목 · 라목의 범죄(이하 '등록대상 성범죄'라 한다)로 유죄판결이나 약식명령이 확정된 자 또는 같은 법 제49조 제1항 제4호에 따라 공개명령이 확정된 자는 신상정보 등록대상자(이하 '등록대상자'라 한다)가 된다. 다만, 제12조 · 제13조의 범죄 및 「아동 · 청소년의 성보호에 관한 법률」 제11조 제3항 및 제5항의 범죄로 벌금형을 선고받은 자는 제외한다.

② 법원은 등록대상 성범죄로 유죄판결을 선고하거나 약식명령을 고지하는 경우에는 등록대상자라는 사실과 제43조에 따른 신상정보 제출 의무가 있음을 등록대상자에게 알려 주어야 한다.

③ 제2항에 따른 통지는 판결을 선고하는 때에는 구두 또는 서면으로 하고, 약식명령을 고지하는 때에는 통지사항이 기재된 서면을 송달하는 방법으로 한다.

④ 법원은 제1항의 판결이나 약식명령이 확정된 날부터 14일 이내에 판결문(제45

조 제4항에 따라 법원이 등록기간을 달리 정한 경우에는 그 사실을 포함한다) 또는 약식명령 등본을 법무부장관에게 송달하여야 한다.

제43조(신상정보의 제출 의무)

① 등록대상자는 제42조 제1항의 판결이 확정된 날부터 30일 이내에 다음 각 호의 신상정보(이하 '기본신상정보'라 한다)를 자신의 주소지를 관할하는 경찰관서의 장(이하 '관할경찰관서의 장'이라 한다)에게 제출하여야 한다. 다만, 등록대상자가 교정시설 또는 치료감호시설에 수용된 경우에는 그 교정시설의 장 또는 치료감호시설의 장(이하 '교정시설등의 장'이라 한다)에게 기본신상정보를 제출함으로써 이를 갈음할 수 있다.

1. 성명
2. 주민등록번호
3. 주소 및 실제거주지
4. 직업 및 직장 등의 소재지
5. 연락처(전화번호, 전자우편주소를 말한다)
6. 신체정보(키와 몸무게)
7. 소유차량의 등록번호

② 관할경찰관서의 장 또는 교정시설등의 장은 제1항에 따라 등록대상자가 기본신상정보를 제출할 때에 등록대상자의 정면·좌측·우측 상반신 및 전신 컬러사진을 촬영하여 전자기록으로 저장·보관하여야 한다.

③ 등록대상자는 제1항에 따라 제출한 기본신상정보가 변경된 경우에는 그 사유와 변경내용(이하 '변경정보'라 한다)을 변경사유가 발생한 날부터 20일 이내에 제1항에 따라 제출하여야 한다.

④ 등록대상자는 제1항에 따라 기본신상정보를 제출한 경우에는 그 다음 해부터 매년 12월 31일까지 주소지를 관할하는 경찰관서에 출석하여 경찰관서의 장으로 하여금 자신의 정면·좌측·우측 상반신 및 전신 컬러사진을 촬영하여 전자기록으로 저장·보관하도록 하여야 한다. 다만, 교정시설등의 장은 등록대상자가 교정시설 등에 수용된 경우에는 석방 또는 치료감호 종료 전에 등록대상자의 정면·좌측·우측 상반신 및 전신 컬러사진을 새로 촬영하여 전자기록으로 저장·보관하여야 한다.

⑤ 관할경찰관서의 장 또는 교정시설등의 장은 등록대상자로부터 제출받은 기본신상정보 및 변경정보와 제2항 및 제4항에 따라 저장·보관하는 전자기록을 지체

없이 법무부장관에게 송달하여야 한다.
⑥ 제5항에 따라 등록대상자에 대한 기본신상정보를 송달할 때에 관할경찰관서의 장은 등록대상자에 대한 「형의 실효 등에 관한 법률」 제2조 제5호에 따른 범죄경력자료를 함께 송달하여야 한다.
⑦ 기본신상정보 및 변경정보의 송달, 등록에 관한 절차와 방법 등 필요한 사항은 대통령령으로 정한다.

제44조(등록대상자의 신상정보 등록 등)
① 법무부장관은 제43조 제5항, 제6항 및 제43조의2 제3항에 따라 송달받은 정보와 다음 각 호의 등록대상자 정보를 등록하여야 한다.
1. 등록대상 성범죄 경력정보
2. 성범죄 전과사실(죄명, 횟수)
3. 「특정 범죄자에 대한 보호관찰 및 전자장치 부착 등에 관한 법률」에 따른 전자장치 부착 여부

제45조(등록정보의 관리)
① 법무부장관은 제44조 제1항 또는 제4항에 따라 기본신상정보를 최초로 등록한 날(이하 '최초등록일'이라 한다)부터 다음 각 호의 구분에 따른 기간(이하 '등록기간'이라 한다) 동안 등록정보를 보존·관리하여야 한다. 다만, 법원이 제4항에 따라 등록기간을 정한 경우에는 그 기간 동안 등록정보를 보존·관리하여야 한다.
1. 신상정보 등록의 원인이 된 성범죄로 사형, 무기징역·무기금고형 또는 10년 초과의 징역·금고형을 선고받은 사람: 30년
2. 신상정보 등록의 원인이 된 성범죄로 3년 초과 10년 이하의 징역·금고형을 선고받은 사람: 20년
3. 신상정보 등록의 원인이 된 성범죄로 3년 이하의 징역·금고형을 선고받은 사람 또는 「아동·청소년의 성보호에 관한 법률」 제49조 제1항 제4호에 따라 공개명령이 확정된 사람: 15년
4. 신상정보 등록의 원인이 된 성범죄로 벌금형을 선고받은 사람: 10년

제45조의3(신상정보 등록의 종료)
① 신상정보의 등록은 다음 각 호의 어느 하나에 해당하는 때에 종료된다.
1. 제45조 제1항의 등록기간이 지난 때

2. 제45조의2에 따라 등록이 면제된 때

제46조(등록정보의 활용 등)
① 법무부장관은 등록정보를 등록대상 성범죄와 관련한 범죄 예방 및 수사에 활용하게 하기 위하여 검사 또는 각급 경찰관서의 장에게 배포할 수 있다.
② 제1항에 따른 등록정보의 배포절차 및 관리 등에 관한 사항은 대통령령으로 정한다.

제47조(등록정보의 공개)
① 등록정보의 공개에 관하여는 「아동·청소년의 성보호에 관한 법률」 제49조, 제50조, 제52조, 제54조, 제55조 및 제65조를 적용한다.
② 등록정보의 공개는 여성가족부장관이 집행한다.
③ 법무부장관은 등록정보의 공개에 필요한 정보를 여성가족부장관에게 송부하여야 한다.
④ 제3항에 따른 정보 송부에 관하여 필요한 사항은 대통령령으로 정한다.

제48조(비밀준수)
등록대상자의 신상정보의 등록·보존 및 관리 업무에 종사하거나 종사하였던 자는 직무상 알게 된 등록정보를 누설하여서는 아니 된다.

제49조(등록정보의 고지)
① 등록정보의 고지에 관하여는 「아동·청소년의 성보호에 관한 법률」 제50조 및 제51조를 적용한다.
② 등록정보의 고지는 여성가족부장관이 집행한다.
③ 법무부장관은 등록정보의 고지에 필요한 정보를 여성가족부장관에게 송부하여야 한다.
④ 제3항에 따른 정보 송부에 관한 세부사항은 대통령령으로 정한다.

제4장 벌 칙

제50조(벌칙)
① 다음 각 호의 어느 하나에 해당하는 자는 5년 이하의 징역 또는 5천만원 이하

의 벌금에 처한다.

1. 제48조를 위반하여 직무상 알게 된 등록정보를 누설한 자
2. 정당한 권한 없이 등록정보를 변경하거나 말소한 자

② 다음 각 호의 어느 하나에 해당하는 자는 2년 이하의 징역 또는 500만원 이하의 벌금에 처한다.

1. 제24조 제1항 또는 제38조 제2항에 따른 피해자의 신원과 사생활 비밀 누설 금지 의무를 위반한 자
2. 제24조 제2항을 위반하여 피해자의 인적사항과 사진 등을 공개한 자

③ 다음 각 호의 어느 하나에 해당하는 자는 1년 이하의 징역 또는 500만원 이하의 벌금에 처한다.

1. 제43조 제1항을 위반하여 정당한 사유 없이 기본신상정보를 제출하지 아니하거나 거짓으로 제출한 자 및 같은 조 제2항에 따른 관할경찰관서 또는 교정시설의 장의 사진촬영에 정당한 사유 없이 응하지 아니한 자
2. 제43조 제3항(제44조 제6항에서 준용하는 경우를 포함한다)을 위반하여 정당한 사유 없이 변경정보를 제출하지 아니하거나 거짓으로 제출한 자
3. 제43조 제4항(제44조 제6항에서 준용하는 경우를 포함한다)을 위반하여 정당한 사유 없이 관할 경찰관서에 출석하지 아니하거나 촬영에 응하지 아니한 자

④ 제2항 제2호의 죄는 피해자의 명시한 의사에 반하여 공소를 제기할 수 없다.

⑤ 제16조 제2항에 따라 이수명령을 부과받은 사람이 보호관찰소의 장 또는 교정시설의 장의 이수명령 이행에 관한 지시에 불응하여 「보호관찰 등에 관한 법률」 또는 「형의 집행 및 수용자의 처우에 관한 법률」에 따른 경고를 받은 후 재차 정당한 사유 없이 이수명령 이행에 관한 지시에 불응한 경우에는 다음 각 호에 따른다.

1. 벌금형과 병과된 경우는 500만원 이하의 벌금에 처한다.
2. 징역형 이상의 실형과 병과된 경우에는 1년 이하의 징역 또는 5백만원 이하의 벌금에 처한다.

제51조(양벌규정)

법인의 대표자나 법인 또는 개인의 대리인, 사용인, 그 밖의 종업원이 그 법인 또는 개인의 업무에 관하여 제13조 또는 제43조의 위반행위를 하면 그 행위자를 벌하는 외에 그 법인 또는 개인에게도 해당 조문의 벌금형을 과(科)한다. 다만, 법

인 또는 개인이 그 위반행위를 방지하기 위하여 해당 업무에 관하여 상당한 주의와 감독을 게을리하지 아니한 경우에는 그러하지 아니하다.

제52조(과태료)

① 정당한 사유 없이 제43조의2 제1항 또는 제2항을 위반하여 신고하지 아니하거나 거짓으로 신고한 경우에는 300만원 이하의 과태료를 부과한다.

② 제1항에 따른 과태료는 대통령령으로 정하는 바에 따라 관할경찰관서의 장이 부과 · 징수한다.

사례문답

【질 문】

1. 주변에서 성폭력이 있었다는 이야기를 들었을 경우 신고할 수 있나?
2. 13세 미만의 아동과 합의하에 성관계를 하였을 경우 처벌할 수 있나?
3. 공공화장실에서 몰카를 찍다가 들켰을 경우 처벌은?

[해 설]

1. 성폭력죄의 경우 친고죄가 폐지됨으로써 누구나 신고할 수 있다.

2. 13세 미만의 아동의 경우 동의가 있었다 하더라도 성폭력범죄의 처벌등에 관한 특례법에 의해 의제강간으로 처벌이 된다.

3. 성폭력범죄의 처벌등에 관한 특례법 14조에 의해 카메라나 그 밖에 이와 유사한 기능을 갖춘 기계장치를 이용하여 성적 욕망 또는 수치심을 유발할 수 있는 사람의 신체를 촬영대상자의 의사에 반하여 촬영한 자는 5년 이하의 징역 또는 3천만원 이하의 벌금과 20년간 신상공개를 할 수 있다.

Chapter

14 법률구조

Ⅰ. 법률구조제도

Ⅱ. 법률구조기관

희망은 잠자고 있지 않는 인간의 꿈이다.
인간의 꿈이 있는 한, 이 세상은 도전해 볼 만하다.
어떠한 일이 있더라도 꿈을 잃지 말자. 꿈을 꾸자.
꿈은 희망을 버리지 않는 사람에겐 선물로 주어진다. － 아리스토텔레스

제14장

법 률 구 조

Ⅰ. 법률구조제도

1. 법률구조의 의의

법률구조제도란 법에 대한 이해가 부족하거나 법률 서비스를 제공받는데 있어서 비용을 감당하기 어려운 사람들을 대상으로 하여 법의 보호를 충분히 보장받을 수 있도록 하는 사회복지제도이다.

경제적으로 어렵거나 법을 몰라서 법의 보호를 충분히 받지 못하는 자에게 법률구조를 함으로써 기본적 인권을 옹호하고 나아가 법률 복지를 증진하는 데에 이바지함을 목적으로 법률구조법이 제정되었다(법률구조법 제1조).

법률구조란 법률구조법의 목적을 달성하기 위하여 법률상담, 변호사나 공익법무관에 의한 소송대리, 기타 법률사무에 관한 지원을 하는 것을 의미한다(동법 제2조).

2. 법률구조의 대상 업무 및 대상자

(1) 법률구조의 대상 업무

법률구조업무는 민사사건, 가사사건, 행정사건, 헌법소원사건, 형사사건 등에 관한 소송·심판대리 또는 형사변호, 법률상담, 기타 법률사무에 관한 지원을 그 내용으로 한다.

(2) 법률구조의 대상자

법률구조를 받을 수 있는 대상자는 다음과 같다(동법 시행규칙 제7조).

① 농어민

② 근로자 및 영세상인

③ 국가공무원 및 지방공무원

④ 국가보훈대상자

⑤ 물품의 사용 및 용역의 이용으로 인한 피해를 입은 소비자

⑥ 헌법재판소가 공익법무관을 국선대리인으로 선정한 사건의 청구인

⑦ 법원이 공익법무관을 국선변호인으로 선정한 사건의 피의자 또는 피고인

⑧ 국내 거주 외국인

⑨ 「국민기초생활보장법」에 따른 수급자

⑩ 장애인이나 그 밖에 생활이 어렵고 법을 몰라 스스로 법적 수단을 마련하지 못하는 국민

II. 법률구조기관(출처: 법무부, 한국인의 법과 생활)

1. 대한법률구조공단 [www.klac.or.kr]

대한법률구조공단은 1987년 법률구조법에 의해 설립된 비영리 공익법인이다. 민사 · 가사 · 형사 · 행정 사건 등 법률 문제 전반을 대상으로 법률상담서비스를 제공하고 있다.

대한법률구조공단은 경북 김천시에 본부를 두고 있고, 전국의 법원 및 검찰청과 연계하여 18개 지부와 41개 출장소, 72개 지소를 운영하고 있다.

주요사업은 법률상담업무를 비롯하여 생활 법률 강좌를 통한 준법 계몽, 법률구조제도의 조사연구 등에 이바지하고 있다.

법률구조의 과정은 상담을 거친 후, 필요할 경우 민사 · 가사 사건에 대해서는 관련 당사자 간의 화해 · 조정이 이루어지도록 하며, 공익 법무관 등이 소송대리 서비스를 제공한다.

형사 사건의 경우에는 변호사 또는 공익 법무관의 변호를 통해 법률구조를 실

시한다.

(1) 법률구조공단이 법률구조를 제공하는 구조대상 사건

- 민사 · 가사사건
- 국가를 상대로 하는 소송 중 국가배상법에 의한 손해배상사건
- 개인회생 및 파산 · 면책사건
- 형사사건
- 행정심판사건과 행정소송사건
- 헌법소원사건

(2) 소송비용

- 민사, 가사, 행정, 헌법소원사건

소송을 하지 않고 화해로 끝난 사건은 비용을 받지 않는다. 그러나 소송사건에 대해서는 소송이 종료된 후에 공단에서 지출한 인지대 등 소송비용을 의뢰자로부터 상환받는다.

의뢰자는 공단에 상환할 비용을 법원의 소송비용 확정절차를 거쳐 패소한 상대방으로부터 회수할 수 있을 뿐만 아니라, 공단에서도 의뢰자의 구체적인 사정을 고려하여 경우에 따라서는 분할상환하도록 하거나 상환을 면제하기도 한다.

법률구조대상자 중 『무료법률구조사업』에서 정한 대상자는 무료로 법률구조를 받을 수 있다.

- 형사사건

형사사건과 관련된 일체의 비용(기록등사료, 접견료 등)은 공단에서 부담하고 의뢰자로부터는 비용을 징수하지 않는다. 다만 보석보증금 또는 보석보증보험 증권 수수료는 의뢰자가 부담한다.

- 본부 주소: 서울특별시 서초구 법원4길 17번지
  Tel: 국번없이 132
  Fax: 02) 3482-6556
- 문의전화 Tel: 국번 없이 132
- 상담시간 안내: (평일) 오전 10시~12시 / 오후 1시~5시
  수요 야간상담 및 토요 상담 실시기관 : 서울중앙지부

—시간: (수요일) 오후 6시 ~ 8시, (토요일) 오전 9시 ~ 오후 1시

2. 한국가정법률상담소 [www.lawhome.or.kr]

한국가정법률상담소는 1956년에 세워진 우리나라 최초의 민간단체 법률구조기관이다.

법률구조법상 법률구조 법인으로 등록한 민간단체로서 법률상담을 포함 각종 법률구조 사업을 무료로 제공하고 있다. 현재 국내 32개 지역, 미국의 12개 지역에 상담소 지부가 설치되어 있으며, 가사 사건에 한하지 않고, 민, 형사 등 법률 문제 전반에 대하여 상담서비스를 제공하고 있다.

법률구조 사업내용을 보면 다음과 같다.

(1) 법률상담 및 소송구조

가사, 민사, 형사, 파산사건 등 법률문제 전반에 걸쳐 무료 법률상담을 실시하고 있으며 면접, 서신 및 전화 · 지상 · 순회 · 인터넷 · 출장상담 등 다양한 상담창구가 개설 되어 있다. 직장인을 위한 야간상담이 매주 월요일 실시되고 있다.

(2) 화해조정과 무료 대서

분쟁해결을 위한 최우선의 방법으로 당사자들의 대화를 통한 화해조정을 위해 많은 노력을 기울이고 있으며, 대서 비용을 부담할 수 없는 어려운 사람들을 위해 간단한 소송관련서류를 무료로 작성해 준다.

한국가정법률상담소에서는 직접 상담을 비롯하여 신문이나 잡지의 지상을 통한 투고 문의에 대한 답변, 순회 및 인터넷 상담도 실시하고 있다.

- 주 소 : 서울특별시 영등포구 여의도동 110-10
- 상담안내전화 Tel: 1644-7077
  (평일) 오전 10시 ~ 오후 5시 / 접수 오후 4시까지
- 야간상담 : 매주 월요일 오후 6시~9시 / 접수 오후 7시까지
- 임대차분쟁조정상담실(전, 월세, 임대차 등) Tel : 02)731-6720, 731-6721
  (평일) 오전 10시 ~ 오후 5시

3. 대한가정법률복지상담원 [lawqa.jinbo.net]

대한가정법률복지상담원은 1999년 설립, 2002년 법무부에 등록된 법률구조법인이다. 서울에 본부를 두고, 인천 · 아산 · 부산 · 대전 · 익산 등 5개의 지부와 교육원, 부설기관으로 가정폭력상담소를 운영하고 있다. 2011년 12월 31일 통계에 의하면 본부와 지부에서 17만 3천 5백 7십 건의 법률 상담을 하였다.

대한가정법률복지상담원은 인간의 존엄성과 법 앞에 만인평등이라는 이념을 실현하고, 사회의 기초단위인 가정에서부터 평등과 정의가 실현되게 하여 이를 우리 사회와 국가, 더 나아가서 세계의 평화와 인류의 복지증진에 이바지하고자 하는 설립 목적을 갖고 있다.

사법제도의 기능만으로 해결 할 수 없는 가정문제와 '고통 받는 이웃과 함께' 하며 '평등과 정의 사회 실현'을 위해 약자의 편에 서서 인권 옹호를 위해 법률 상담, 조력, 화해, 조정, 소송구조 등 모든 법률적 구조서비스를 무료로 제공한다.

법률구조 사업내용을 보면 다음과 같다.

(1) 법률상담 및 소송구조

상담원에서는 심도 있는 면접상담을 통해 조정, 화해로 당사자 간에 연결 고리 를 이어주는 일에 가장 큰 중점을 두고 있다.

그러나 여러 가지 이유로 상담원을 직접 찾을 여유가 없는 분들을 위해 전화, 편지, 컴퓨터를 이용한 온라인상담 외에도 이동순회상담, 지상상담 등 다양한 방법을 통해 무료로 법률상담을 제공하고 있으며, 조정, 화해, 무료 대서 및 경제적 여유가 없는 분들을 위해 소송구조를 하고 있다.

(2) 법률계몽사업

상담원은 법률상담을 통한 해결과 함께 교육을 통한 의식화 운동으로 가정 문제를 사전에 예방할 수 있도록 양면적인 서비스를 펼치고 있다. 이에 따라 상담원에서는 자신의 권리와 의무를 알고 지킬 수 있도록 각종 법률강좌를 개설하고, 출장강좌 및 출판, 대중매체를 이용하는 등 다양한 방법의 법률계몽 사업을 통해 의식화 교육, 법의 생활화 운동에 앞장서고 있다.

- 본 원 : 서울특별시 양천구 신월로 314 서전빌딩 3층
  Tel: 02) 2697-0155, 02) 3675-0142~3
  Fax: 02) 3675-0175
- 교육원: 서울특별시 양천구 신월로 314 서전빌딩 2층
  Tel: 02) 2646-1611~2

4. 대한변호사협회 법률구조재단 [www.legalaid.or.kr]

대한변호사협회(대한변협) 법률구조재단에서는 빈곤, 법의 무지 기타 사유로 권리구제를 받기 어려운 경우 및 공익실현을 위하여 필요한 경우에 대하여 법률 구조사업을 행함으로써 기본권의 보장을 규정한 헌법정신을 실현하고 법의 지배를 실질적으로 구현하고자 법률구조를 실시하고 있다.

법률구조 희망자는 대한변협 법률구조재단 또는 개인 변호사를 방문 상담 후 관련서류를 대한변협 법률구조재단에 제출하면 된다. 법률구조재단의 심사를 통해 법률구조 대상자로 인정되면 변호사를 선임하여 소송을 수행해 준다.

법률구조재단이 대체지급한 소송비용은 법률구조신청자(법률구조대상자)의 경제적 상황 등을 고려하여 상환여부를 결정한다.

그 이외에도 대한변호사협회는 각 무료 법률상담실에서 일반인을 대상으로 법률 전반에 대한 법률 상담을 실시하고 있다.

법률구조재단의 법률구조 사업내용을 보면 다음과 같다.

(1) 경제적 약자에 대한 일반 법률구조사업

(2) 외국인 노동자, 다문화가정, 북한이탈주민, 성폭력 피해자 등 사회 소수 약자를 위한 법률구조사업

(3) 사회, 법률 제도 연구 · 개선사업

- 주 소 : 서울특별시 서초구 서초동 1728-1 변호사회관 5층
  Tel : 02) 3476-6515
  Fax : 02) 3476-4008

§§관련조문

＊법률구조법

제1조[목적] 이 법은 경제적으로 어렵거나 법을 몰라서 법의 보호를 충분히 받지 못하는 자에게 법률구조를 함으로써 기본적 인권을 옹호하고 나아가 법률 복지를 증진하는 데에 이바지함을 목적으로 한다.

제2조[정의] 이 법에서 "법률구조"란 제1조의 목적을 달성하기 위하여 법률상담, 변호사나 「공익법무관에 관한 법률」에서 정한 공익법무관(이하 "공익법무관"이라 한다)에 의한 소송대리, 그 밖에 법률 사무에 관한 모든 지원을 하는 것을 말한다.

제2조의2[국가와 지방자치단체의 책무] ① 국가는 국민의 법률복지 증진을 위하여 법률구조 체제를 구축·운영하고, 법률구조 관련 법령의 정비와 각종 정책을 수립·시행하며, 이에 필요한 재원을 조달할 책무를 진다.

② 지방자치단체는 국가의 법률구조 시책이 원활하게 시행될 수 있도록 협력하여야 한다.

제3조[등록] 법인으로서 법률구조업무를 하려는 자는 대통령령으로 정하는 바에 따라 자산, 법률구조업무 종사자 등에 관한 요건을 갖추어 법무부장관에게 등록하여야 한다.

제4조[보조금의 지급] 정부는 제3조에 따라 등록된 법인과 제8조에 따른 대한법률구조공단(이하 "법률구조법인"이라 한다)의 건전한 육성·발전을 위하여 필요하다고 인정하면 예산의 범위에서 보조금을 지급할 수 있다.

제5조[대리행위의 제한] 법률구조법인이나 그 밖에 공익법무관이 근무하고 있거나 근무하였던 법인은 법률구조업무와 관련하여 법인명의로 소송에 관한 행위, 행정처분의 청구, 그 밖의 법률사무에 관한 대리행위를 할 수 없다.

제6조[비밀누설의 금지] 법률구조법인이나 그 밖에 공익법무관이 근무하고 있거나 근무하였던 법인에서 법률구조업무에 종사하였거나 종사하고 있는 자는 그 업무수행 과정에서 알게 된 비밀을 누설하여서는 아니 된다.

제7조[수수료 등의 징수 금지] ① 법률구조법인이나 그 밖에 공익법무관이 근무하고 있거나 근무하였던 법인 및 그 법인에서 법률구조업무를 담당하고 있거나 담당하였던 자는 법률구조를 이유로 수수료를 받거나 그 밖의 어떠한 명목으로도 금품을 받아서는 아니 된다. 다만, 대통령령으로 정하는 소송비용, 변호사보수 등에 대하여는 그러하지 아니하다.

② 제1항 단서에도 불구하고 다음 각 호의 어느 하나에 해당하는 자에 대하여는 대통령령으로 정하는 바에 따라 국가가 소송비용과 변호사보수를 부담할 수 있다.

1. 「국가유공자 등 예우 및 지원에 관한 법률」 제6조 제1항에 따라 등록된 국

가유공자 및 그 유족

2. 「독립유공자예우에 관한 법률」 제6조 제1항에 따라 등록된 독립유공자와 그 유족 또는 가족

3. 「5 · 18민주유공자예우에 관한 법률」 제7조 제1항에 따라 등록된 5 · 18민주유공자

4. 「국민기초생활 보장법」 제2조 제2호에 따른 수급자

5. 「아동복지법」 제3조 제4호에 따른 보호대상아동

6. 「기초노령연금법」 제3조에 따른 연금 지급대상자

7. 「장애인복지법」 제2조 제2항에 따른 장애인

8. 「한부모가족지원법」 제5조 및 제5조의2에 따른 보호대상자

9. 「농어업 · 농어촌 및 식품산업 기본법」 제3조 제2호에 따른 농어업인

10. 「수산업법」 제2조 제15호에 따른 어획물운반업종사자

11. 그 밖에 대통령령으로 정하는 자

③ 제1항 단서와 제2항에 따라 공익법무관이 받은 변호사보수 등은 공익법무관이 근무하고 있거나 근무하였던 법인의 해당 회계에 편입시킨다.

제8조[대한법률구조공단의 설립] 법률구조를 효율적으로 추진하기 위하여 대한법률구조공단(이하 "공단"이라 한다)을 설립한다.

제9조[법인격] 공단은 법인으로 한다.

제10조[사무소] ① 공단의 주된 사무소의 소재지는 정관으로 정한다.

② 공단은 「각급 법원의 설치와 관할구역에 관한 법률」 제2조에 따른 지방법원 소재지에 지부를, 지방법원지원 소재지에 출장소를, 시 · 군법원 소재지에 지소를 정관으로 정하는 바에 따라 각각 둘 수 있다.

제20조[법률구조위원] ① 공단의 이사장은 법률구조사건의 소송수행을 위하여 필요하면 변호사 중에서 법률구조위원을 위촉할 수 있다.

② 법률구조위원의 위촉과 그 밖의 운영에 관한 사항은 법무부장관의 승인을 받아 공단의 규칙으로 정한다.

제21조[사업] 공단은 제1조의 목적을 달성하기 위하여 다음 각 호의 사업을 한다.

1. 법률구조
2. 법률구조제도에 관한 조사 · 연구
3. 준법정신을 드높이기 위한 계몽사업
4. 그 밖에 공단의 목적 달성에 필요한 사업

제21조의2[범죄피해자 보호 · 지원] 공단은 법률구조사업을 수행할 때 범죄피해자의 권리가 적절히 보장되고 신속한 피해회복이 이루어질 수 있도록 범죄피해자를 법률적으로 보호 · 지원할 수 있다.

제22조[법률구조의 절차 등] 공단이 행하는 법률구조의 요건, 절차 등은 법무부장관의 승인을 받아 공단의 규칙으로 정한다.

제22조의2[자료 제공의 요청] ① 공단은 법률구조의 의뢰인이 법률구조사업의 대상자인지를 확인하기 위하여 관계 중앙행정기관, 지방자치단체, 그 밖에 대통령령으로 정하는 공공기관(이하 이 조에서 "공공기관"이라 한다)에 필요한 자료의 제공을 요청할 수 있다. 이 경우 자료 제공을 요청받은 공공기관의 장은 특별한 사유가 없으면 요청에 따라야 한다.

② 제1항에 따라 공단에 제공하는 자료에 대하여는 사용료·수수료 등을 면제한다.

③ 제1항에 따라 공단이 자료 제공을 요청할 수 있는 사유, 제공 자료의 범위, 그 밖에 필요한 사항은 대통령령으로 정한다.

제36조[유사명칭의 사용 금지] ① 공단이 아닌 자는 대한법률구조공단 또는 이와 유사한 명칭을 사용하지 못한다.

② 이 법에 따른 법률구조법인이 아닌 자는 법률구조법인 또는 이와 유사한 명칭을 사용 하지 못한다.

＊법률구조법 시행규칙

제6조[법률구조업무의 범위] ① 법 제33조의3에 따른 공익법무관의 법률구조업무는 민사사건, 가사사건, 행정사건, 헌법소원사건 또는 형사사건에 관한 소송·심판대리 또는 형사변호, 법률상담, 그 밖에 법률사무에 관한 지원으로 한다.

② 제1항에 따른 법률구조업무의 구체적 범위에 관하여는 법무부장관의 승인을 받아 법 제4조에 따른 법률구조법인(이하 "법률구조법인"이라 한다)의 내부규정으로 정한다.

제7조[법률구조 대상자] ① 법 제33조의3에 따른 공익법무관의 법률구조 대상자는 다음 각 호의 어느 하나에 해당하는 사람으로 한다.

1. 농어민
2. 근로자 및 영세상인
3. 국가공무원 및 지방공무원
4. 국가보훈대상자
5. 물품의 사용 및 용역의 이용으로 인한 피해를 입은 소비자
6. 헌법재판소가 공익법무관을 국선대리인으로 선정한 사건의 청구인
7. 법원이 공익법무관을 국선변호인으로 선정한 사건의 피의자 또는 피고인
8. 국내 거주 외국인
9. 「국민기초생활보장법」에 따른 수급자
10. 장애인이나 그 밖에 생활이 어렵고 법을 몰라 스스로 법적 수단을 마련하지

못하는 국민
② 제1항 각 호에 따른 법률구조 대상자의 구체적 범위에 관하여는 법무부장관의 승인을 받아 법률구조법인의 내부규정으로 정한다.

Chapter

부 록

위대한 성공의 밑그림에는
고통과 이를 넘어섰을 때의
희열이 담겨 있다.
창조력은 타고나는 능력이 아니다.
긍정의 힘과 꾸준한 훈련을 통해
발휘되는 것이다.

부　　록

전문용어 해설

경매[競賣]

경매에는 개인 간에 이루어지는 사경매(私競賣)와 국가기관에 의해 이루어지는 공경매(公競賣)가 있다. 공경매는 경매를 청구한 권리자의 요청에 의하여 법원 또는 집행관이 동산이나 부동산을 공매(公賣)하는 것이다.

과태료[過怠料]

과태료는 행정법에서 일정한 의무를 이행하지 않거나 법규를 위반한 사람이 국가에 납부하는 금전이다.

형법상 형벌인 재산형에 해당하는 벌금 및 과료와는 차이가 있다. 과태료는 납부자에게 전과가 남지 않고 과태료의 납부사유가 대부분 경미한 법규위반이므로 재판을 거치지 않고 납부한다. 형벌의 일종인 과료는 금액이 2천 원 이상 5만 원 미만이고, 벌금은 금액이 5만 원 이상이다. 그런데 과태료는 각 법규에 규정되어 있는 금액에 의해 부과된다.

질서벌로서의 과태료는 의무위반자에 대한 제재(制裁)로 과해진다. 예를 들면 특허법, 민법, 상법, 민사소송법 등 공법, 사법을 불문하고 널리 인정되고 있다.

징계벌로서의 과태료는 일정한 직업을 가진 사람이 직무상의 의무에 위반하였을 경우에 과해진다. 예를 들면 공증인법, 변호사법, 법무사법 등에 규정되어 있으며, 그 직업을 감독하는 관청이 부과한다.

근보증[根保證]

근보증의 피담보채권(담보가 제공되는 원인이 된 채권)은 장래의 특정채권이 아니라 계속적 거래관계에서 발생하는 증감, 변동하는 장래의 불특정채권이며 근보증을 신용보증이라고도 한다.

예를 들어 회사의 이사가 그 지위에서 금융기관과 회사 간의 계속적인 자금차용에 관해 보증인이 된 경우가 이에 해당한다.

확정채무, 특정채무에 대한 보증인에 대하여는 근보증인의 책임제한에 관한 법리가 적용되지 아니한다.

근저당권[根抵當權]

장래에 생길 채권의 담보로서 일정한 금액을 한도로 저당권을 미리 설정하는 특수한 저당권을 의미한다.

예를 들면 은행에서 1천만 원을 빌려주면서 채권최고액 1천 2백만 원으로 근저당권이 설정된 경우 변제기까지 채무를 변제하지 못하면 원금, 이자, 지연배상 등을 포함하여 채권최고액 범위 내에서 근저당권자가 우선변제권을 행사할 수 있게 된다.

다가구주택

3개 층 이하로서 연면적이 660㎡(200평) 이하이며, 구분소유권이 인정되지 아니하여 전체가 1인 소유인 단독주택으로 분류되는 주택을 의미한다.

주택임대차의 경우 임차인이 대항력을 갖추기 위해 전입신고 할 때 번지만 정확하면 보호받을 수 있다.

다세대주택

4개 층 이하로서 연면적 660㎡(200평) 이하이며, 각 세대별로 방, 부엌, 화장실, 현관 등을 갖추어 각각 독립된 주거생활을 영위할 수 있고 각 세대별 구분소유권이 인정되어 분양이 가능한 공동주택을 의미한다.

주택임대차의 경우 임차인이 대항력을 갖추기 위해 전입신고 할 때 번지와 호수까지 정확해야 보호받을 수 있다.

담보물권[擔保物權]

담보물권은 제한물권의 일종으로서 목적물의 교환가치를 지배하는 물권이다. 담보물권의 기능은 채무자를 심리적으로 압박하여 신속한 채무의 이행을 확보하는 데에 있다. 담보물권의 설정을 받아두면 그 권리를 행사하여 받아야 될 금전인 피담보채권(被擔保債權)의 변제 등이 용이하게 된다.

즉 담보물권에는 첫째로 담보물에서 다른 채권보다도 먼저 변제를 받는 우선변제적 효력이 있고, 둘째로 담보물의 인도를 거절하여 담보제공자에게 심리적 압박을 가해 변제를 재촉하는 유치적 효력 등이 있다.

민법이 규정하고 있는 담보물권으로는 유치권 · 질권 · 저당권의 3 종류가 있고, 가등기담보 등에 관한 법률이 규정하고 있는 담보물권으로는 가등기담보권, 부동산의 양도담보권이 있다.

명의신탁[名義信託]

명의신탁은 신탁자와 수탁자의 계약에 의해 등기부, 토지대장 등의 공부상의 소유명의가 수탁자에게 이전되지만 수탁자는 그 재산을 관리 처분할 권리, 의무를 부담하지 않는 신탁계약을 의미한다.

명의신탁 계약에 의하여 수탁자 명의로 소유권이전등기가 이전 되었더라도 내부적으로 소유권은 이전되지 않고 신탁자가 여전히 소유권을 보유하며, 언제나 수탁자에 대하여 소유권을 주장할 수 있다.

부동산 실권리자 명의등기에 관한 법률에 의하면 부동산 물권에 대한 명의신탁 계약을 원칙적으로 무효로 하고 있다.

법정혈족 [法定血族]

혈족에는 자연혈족과 법정혈족이 있다. 자연혈족은 출생에 의해 발생되는 혈연관계를 의미한다.

법정혈족은 사실상의 혈연관계는 없으나 법률상 혈연관계가 있는 것으로 인정되는 혈족을 의미한다. 현행 민법상 인정되는 법정혈족관계로는 양부모(養父母), 양친자(養親子) 관계가 있다. 혈족관계에서는 상속이 이루어진다.

소멸시효[消滅時效]

소멸시효는 권리자가 권리행사를 할 수 있음에도 불구하고 일정기간 동안 권리를 행사하지 않는 경우 그 권리가 실효(失效)되게 하는 제도를 말한다. 시효의 일종으로서 취득시효에 대비되는 개념이다. 일반 민사채권의 소멸시효 기간은 10년이다.

압날[押捺]

도장을 눌러서 찍는 것을 의미한다.

예금[禮金]

어떤 일에 대하여 사례하는 뜻으로 지급하는 금전을 의미한다.

저당권[抵當權]

저당권은 담보물권의 일종으로서 저당권자인 채권자가 저당권설정자인 채무자 또는 제3자(물상보증인)의 담보로서 제공한 부동산 또는 부동산물권(지상권 · 전세권)을 인도받지 않고 채무의 변제가 없는 때에 그 목적물이나 물권으로부터 우선변제를 받는 권리를 말한다(민법 제356조).

저당권은 약정 담보물권으로서 금융을 얻는 수단이 되고, 투자의 매개수단이 되고 있다. 저당권은 목적물의 점유를 이전하지 않고, 그 설정자가 여전히 이용을 할 수 있다는 점에서 질권과는 차이가 있다. 즉, 저당권은 목적물의 그 가치(교환가치)만을 객체로 하는 권리이므로 질권과는 달리 목적물의 점유가 채권자에게로 이전되지 않고 목적물의 소유자(저당권설정자)가 그 목적물을 자기 점유 하에 그대로 직접 사용 · 수익하면서, 그것을 담보로 하여 융자를 받을 수 있는 길을 열어 준다는 특색이 있다.

저당권은 부동산이나 부동산권리(지상권 · 전세권) 위에 설정된다. 금융기관에 의한 대출에서 이용되고 있는 실정이나 실거래계에서는 특수한 저당권인 근저당권이 많이 이용되고 있다.

전세권[傳貰權]

전세권은 전세권 설정계약이 성립함과 동시에 일정한 전세금을 전세권자가 전세권설정자(부동산의 소유자)에게 지급하면 전세권자는 일정기간동안 해당 부동산을 사용할 권리를 얻고 그 사용대가는 전세권설정자가 전세금의 이자수입으로 충당하게 된다(민법 제303조 제1항).

전세권제도는 주택 부족이라는 특수한 상황 하에서 발전된 제도로 관습상 이루어져 온 채권적 전세제도를 현행 민법이 용익권의 강화라는 차원에서 이를 물권으로 신설한 것이다. 전세권은 우리 나라에서 발달해 온 제도를 입법화했다는 점에서 특별한 의의가 있다.

집행권원[執行權原]

집행권원은 강제집행에 의해서 실현될 일정한 사법상의 이행청구권의 존재와 범위가 표시되고, 법률에 의하여 그 집행력이 인정된 판결문 등과 같은 문서를 말한다.

집행권원의 대표적인 것은 확정된 종국판결(이행판결)또는 가집행의 선고가 있는 본안판결이다.

체당금[替當金]

기업의 재산이 없어서 밀린 임금을 못 받을 것 같을 때 고용노동부를 통한 진정이나 민사소송을 통해 국가에서 대신 체불임금을 지급하는 금전을 의미한다. 체불임금으로 근로자가 생계에 어려움을 겪는 것을 막고자 도산 또는 도산과정에 있는 기업의 임금을 받지 못한 근로자에게 국가가 기업을 대신해서 밀린 임금을 지급하는 제도를 일반적으로 체당금제도라고 한다.

법정도산(파산선고, 화의개시결정, 정리절차개시)일 경우 그 도산상태가 명백하기 때문에 체당금을 지급받기가 수월하나 법정도산이 아닌 경우에는 고용노동부에서 그 도산상태를 인정해 주어야 하므로 도산상태를 입증할 자료를 필요로 한다.

최고 · 검색의 항변권[催告 · 檢索의 抗辯權]

최고 · 검색의 항변권은 보증채무의 보충성(補充性)에 근거하여 인정되는 보증인의 항변권을 의미한다. 채권자가 보증인에게 채무이행을 청구한 경우에 보증인이 주채무자에게 변제자력이 있다는 것과 그 집행이 쉽다는 사실을 증명하여 먼저 주채무자에게 청구할 것과 그 재산에 대해 집행할 것을 항변할 수 있는 권리이다(민법 제437조).

그러나 보증인이 주채무자와 연대하여 채무를 진 연대보증의 경우 주채무자가 파산선고를 받거나 행방불명인 경우, 보증인이 최고 · 검색의 항변권을 포기한 경우 등에는 이 권리를 행사하지 못한다.

친고죄[親告罪]

친고죄는 검사가 공소를 제기하는 데 있어서 피해자와 그 밖의 법률에 정한 사람의 고소를 필요로 하는 범죄를 말한다. 공소(公訴)란 법원에 특정한 형사사건의 심판을 요구하는 검사의 법률적 소송행위를 의미한다. 친고죄에 있어서의 고소는 고소권 있는 자가 수사기관에 대하여 범죄사실을 신고하고 범인의 처벌을 구하는 의사표시를 하여야 한다. 의사표시는 서면뿐만 아니라 구술로도 할 수 있다.

현행 형법은 친족상도례 상의 범죄 등처럼 범인에 대한 고소가 피해자의 명예를 해롭게 할 염려가 있는 경우나 또는 모욕죄와 같이 피해법익이 극히 작아 공익에 직접적인 영향이 없는 경우를 친고죄로 규정하고 있다.

친양자 입양

친양자제도는 2008년 1월 1일부터 시행되는 신설된 입양제도이다. 양친과 양자를 친생자관계로 보아 종전의 친족관계를 종료시키고 양친과의 친족관계만을 인정하며 양친의 성과 본을 따르도록 하는 입양제도이다(민법 제908조의 2~제908조의 8).

친양자는 그 성격에 비추어 '완전양자'라고 부를 수 있다. 이에 대해 민법상 양자제도도 여전히 유지되고 있으므로 친양자와 구별하기 위하여 기존의 양자를 '보통양자'라고 부르기도 한다.

친양자 입양의 효과를 보면 양부모인 부부의 혼인중 출생자로 본다(민법 제908조의3 제1항).

그리고 친양자의 입양 전의 친족관계는 민법 제908조의2 제1항의 청구에 의한 친양자 입양이 확정된 때에 종료한다(민법 제908조의3 제2항 본문). 다만, 부부 일방이 그 배우자의 친생자를 단독으로 입양한 경우에 있어서의 배우자 및 그 친족과 친생자간의 친족관계는 존속된다.

예를 들면 남편이 재혼한 처의 친생자를 친양자로 입양한 경우 친양자로 입양된 자와 생부 및 생부의 친족 사이의 친족관계는 종료하지만, 모자관계 및 생모의 친족에 대한 자의 친족관계는 종료하지 않는다.

친족상도례[親族相盜例]

형법상의 일정한 재산죄에는 친족사이의 범죄에 관하여 특례가 있다. 즉 직계혈족 · 배우자 · 동거친족 · 동거가족 또는 그 배우자 사이에 절도죄 · 사기죄 · 공갈죄 · 횡령죄 · 배임죄 · 장물죄 또는 그 미수범과 권리행사방해죄가 범하여졌을 경우에는 그 형을 면제하고, 그 밖의 친족 사이에 이러한 죄가 범하여 진 경우에는 친고죄로 하며 이러한 친족관계가 없는 공범에 대하여는 일반 범죄의 형벌규정에 따라 처벌한다(형법 제344조, 제354조, 제361조, 제365조, 제328조). 이것을 친족상도례라고 부르는데, 이러한 특례는 강도죄와 손괴죄에는 적용되지 않는다.

형법이 이러한 특례를 인정한 취지는 가족적 정서를 고려하여 가정 내에 발생한 일은 되도록 법이 개입하지 않겠다는 것이며 그 법적 성격은 인적 처벌조각사유를 규정한 것으로 볼 수 있다.

친족의 범위는 민법에 의한다(민법 제777조).

파양[罷養]

파양은 입양관계를 해소하는 것으로 양자와 양친 및 그 혈족과의 법정혈족관계가 소멸한다. 양자의 배우자 · 직계비속과 양친 및 그 혈족과의 친족관계도 종료된다(민법 제776조).

파양에는 협의상 파양과 재판상 파양이 있다.

협의상 파양은 양친자가 협의에 의해 파양하는 것으로 입양을 승낙한 자가 이에 대해 파양의 협의를 해야 한다. 협의상 파양은 양친자의 협의로서 파양할 수 있는데(민법 제898조), 양자가 15세 미만일 경우 입양을 승낙한 법정대리인이 양자에 갈음하여 파양의 협의를 하며, 입양을 승낙한 자가 사망 또는 기타 사유로 협의를 할 수 없을 때에는 생가의 다른 직계존속이 이를 한다(민법 제899조).

양자가 15세 이상인 미성년자일 경우에는 동의권자의 동의를 얻어 파양의 협의를 할 수 있으며(민법 제900조), 양친 또는 양자가 금치산자일 경우는 후견인의 동의를 얻어 파양의 협의를 할 수 있다(민법 제902조).

재판상 파양은 민법이 규정하고 있는 일정한 사유가 존재할 경우 양친이나 양자가 가정법원에 청구하여 이루어진다(민법 제905조).

해약금[解約金]

계약을 맺을 때, 계약금 등의 명목으로 그 계약을 해제할 권리를 잠시 미룬다는 의미로 지급하는 금전을 의미한다.

일반적으로 이행의 착수(예: 중도금 지급)가 있기 전에는 해약금을 지급한 사람은 그것을 포기함으로써, 그리고 받은 사람은 그 금액의 배액을 상환함으로써 계약을 해제할 수 있다(민법 제565조 제1항).

[저자약력]

단국대학교 법학과·법학박사
경성대학교, 단국대학교, 연세대학교, 이화여자대학교,
창원대학교, 평택대학교, 공무원연수원 등 강사 역임
한국법이론실무학회 회장·고문
한국법학회 회장
현 배화여자대학교 교수(총장)

[주요저서 및 논문]

객관식 민법(공저, 한빛지적소유권센터)
민법총칙(한빛지적소유권센터)
채권총론(삼조사)
알기 쉬운 기업법(공저, 법문사)
비즈니스 법률실무(공저, 피데스)
주식회사 기관구조에 관한 연구
기업의 지배구조에 관한 연구
증권관련 집단소송에 관한 연구
신용카드 산업의 현황과 부정사용에 관한 민사책임
기업지배구조의 공정성 제고에 관한 연구
주식회사 사외이사의 독립성 확보를 위한 법적 과제
外 다수

현대인에게 필요한 **법과 생활**

2012년 2월 27일 초판 發行
2016년 2월 12일 개정판 發行
2022년 2월 24일 개정4판 發行

著 者 신 종 석
發行人 河 仁 雄
發行處 圖書出版 **三 潮 社**
서울특별시 종로구 교남동 47-2
전화 733-4388(代) / FAX 733-4389
등록 1994. 12. 13. 제11-410호(倫)
組版所 하림전산

정가 24,000원

ISBN 979-11-5595-124-8 93360